八五普法·生活中的法律常识系列

民法典借贷担保
法律常识小全书

案例自测实用版

全民普法图书中心 ◎著

中国法制出版社
CHINA LEGAL PUBLISHING HOUSE

出版说明

2020年12月，中共中央印发了《法治社会建设实施纲要(2020—2025年)》，由此，我国的普法工作迈进了第八个普法阶段。回首过去，我国的普法工作取得了很高的成就，有序的社会秩序、坚定的法治信仰在社会生活中落根繁衍，人们的法律意识日益增强，大家学习法律的热情也愈加高涨。特别是，随着《中华人民共和国民法典》《中华人民共和国刑法修正案（十一）》等重要法律法规的出台，许多与我们的生活密切相关的法律条文发生了变化。了解法律，学习法律，运用法律，势在必行。

在此，为了帮助大家学习法律知识，我们特别推出了一套《生活中的法律常识系列》。下面，我们一起来看看本套书的主要特色。

第一，内容广泛，分类科学。本套书的分册涉及物权、合同、抵押、婚姻继承、劳动、劳动合同、犯罪、道路交通、医疗、日常维权等多个领域，能充分满足大众学习法律知识的需求。并且，每个分册涉及法律知识门类专一，可以有效满足群众针对性学习法律知识的需要。

第二，以案说法，通俗易懂。众所周知，法律条文本身存在一定的晦涩难懂性，特别是对于一些法律术语，很多人不知其中含义，由此给大家的自学法律之路造成了一定的障碍。而对于法律普及工作而言，让读者看得进、想得通、搞得懂，是我们工作的价值所在。因此，本套书采用了以案说法、情景带入式的普法方式，让人们在案例故事及后续分析中感受法律的内涵，汲取法律的智慧。

第三，贴近实际，学以致用。法律是调控社会的工具之一。作为大众读者，我们学习法律的目的不外乎懂法、知权、维权、预防和解决纠纷等。那么，我们学习法律知识，阅读法律书籍就不能走马观花，一带而过，而是要进行深入的思考和领会。为此，我们在每一个案例分析后面，对应加入了"自测小题"板块，从而可以更好地让大家检验和巩固学习效果，达到学以致用的目的。

当然，本套书的更多内容和特色还需要大家品味之后才能一一领会。在此，我们也诚邀各位读者多提出批评与建议。

党的十九大把法治社会基本建成确立为到2035年基本实现社会主义现代化的重要目标之一。普法工作意义重大、任重道远。希望你我都能在普法大潮中乘风破浪，勇往直前。衷心希望本套书能成为各位学习法律的得力助手。

目 录

第一章 银行贷款 ………………………………… 1

借款利息能否预先在本金中扣除？……………… 1
金融机构的贷款利率是如何确定的？……………… 3
什么是借款展期？借款人满足什么条件可以申请展期？…… 5
借款人能否不按约定的用途使用借款？……………… 7
贷款人是否有权利对借款人的情况进行审查？……… 8
借款人未按约定日期到银行提取借款，应承担什么
　后果？……………………………………………… 10

第二章 民间借贷 ………………………………… 12

自然人之间的借款合同何时生效？………………… 12
借条的复印件能作为认定案件事实的依据吗？…… 14
超越代理权签订的借款合同，由谁承担还款责任？…… 17
没约定还款日期的，何时还款？…………………… 19
朋友间借钱没有约定是否支付利息，该怎么办？…… 21
未约定支付利息的期限，该什么时候支付利息？…… 23
借款人逾期不还款，应当怎么处理呢？…………… 25
借款人提前还款的怎么计算利息？………………… 27
民间借贷可以随便约定利率吗？…………………… 29
债权人能否将债权转让给第三人？………………… 31

1

债务人依法将标的物提存，债权人还能要求债务人还款吗？ 34

还款期限未到，借款人死亡，该由谁还款？ 36

第三章　保证 38

保证人需要具备什么条件？ 38

学校可以当保证人吗？ 40

被担保的债权既有物的担保又有人的担保的，实现债权的顺序是怎样的？ 41

采取胁迫手段使保证人提供保证的，保证人需要承担保证责任吗？ 43

债权人免除债务人的债务后还有权要求保证人偿还债务吗？ 45

什么是连带责任保证？ 47

什么是反担保？ 50

保证人与债权人之间的口头保证有效吗？ 52

两个以上的保证人对同一债务提供担保的，如何承担保证责任？ 54

只在主合同上签字，未签订保证合同，保证人需承担责任吗？ 56

第四章　一般抵押担保 59

财产存在继承纠纷，这样的财产能抵押吗？ 59

半成品可以用来抵押吗？ 61

乡镇企业的厂房如进行抵押有什么特殊规定吗？ 63

目 录

承包的土地可以抵押吗？ …………………………………… 65
自留山等集体土地可以用来抵押吗？ ……………………… 68
建设用地的使用权能够用来抵押吗？ ……………………… 70
尚未完工的工程可以进行抵押吗？ ………………………… 72
生产设备作为抵押财产时，该企业可以将其转让吗？ …… 74
经营者以自己的生产设备作为抵押的，需要办理相关
　　登记吗？ ………………………………………………… 76
宅基地可以抵押吗？ ………………………………………… 78
依法被扣押的货物还可以抵押吗？ ………………………… 80
在建设用地上设立抵押后，该地块上新增加的建筑物
　　属于抵押财产吗？ ……………………………………… 82
抵押可以口头约定吗？抵押合同一般都规定些什么？ …… 84
当事人在不知情的情况下为他人赌债进行了担保，该
　　担保有效吗？ …………………………………………… 86
担保物被毁损的，债权人可以就担保物产生的保险金
　　优先受偿吗？ …………………………………………… 88
未经担保人同意转让债务，担保人还要负担保责任吗？ … 89
抵押权会随债权的转让而转让吗？ ………………………… 91
抵押权顺位可以变更吗？ …………………………………… 93
出租后的房屋办理了抵押，抵押权人能要求承租者搬
　　走吗？ …………………………………………………… 95
抵押期间抵押物产生的租金归谁所有？ …………………… 97
抵押的出租房被法院扣押后，租金应该归谁？ …………… 99
抵押的汽车因车祸受损价值降低，抵押权人应该怎
　　么办？ …………………………………………………… 100

债权人的抵押权在抵押物实现抵押后还存在吗？………… 102

抵押权到期不行使会怎样？……………………………… 104

抵押担保的范围包括债务人到期不偿还欠款的违约
金吗？………………………………………………… 106

抵押财产变卖后依旧不足以清偿全部债务的，怎么办？… 107

债务人将抵押物卖了怎么办？债权人应该怎样行使抵
押权？………………………………………………… 109

第五章 城市房地产抵押担保 …………………………… 112

谁有权决定将有限责任公司的房产进行抵押贷款？…… 112

抵押权人对设定抵押的划拨土地有没有优先受偿权？… 114

什么情况下可以申请抵押权人中止处分抵押房产？…… 116

贷款买房是以购置的新房作为抵押吗？………………… 118

以已建工程进行抵押的，已建工程范围内的建设使用
权是否需要同时进行抵押？………………………… 120

抵押房产拍卖后所得价款怎样分配？…………………… 122

企业以自有房产作抵押的，抵押期限应在经营期限范
围内吗？……………………………………………… 124

法律是否允许一处房产设定两次抵押？………………… 126

以房产作抵押的，房产的价值如何确定？……………… 128

对抵押房产投保财产保险的，谁是投保人，谁是受益
人？保单下发后，应由谁保管？…………………… 130

公司分立后，原公司在分立前签订的房产抵押合同是
否继续有效？………………………………………… 132

抵押人死亡，抵押借款合同还有效吗？………………… 135

房产抵押合同发生变更，是否应到原登记机关办理变更登记？ ………………………………………………… 137

抵押权人处分抵押房地产时，承租人有优先购买的权利吗？ …………………………………………………… 138

抵押权实现后，办理产权变更手续是否有时间限制？ …… 140

即将拆迁的房屋能进行抵押吗？ ………………………… 142

抵押人擅自以赠与方式处分抵押房产的行为是否有效？ … 144

抵押人与抵押权人就抵押房产的处分方式有争议时，如何处理？ ……………………………………………… 145

抵押房产所得价款不足以清偿债务时，抵押权人是否还有权向债务人追索？ ……………………………… 148

第六章 质押担保 …………………………………… 150

质押担保是否必须签订书面合同？ ……………………… 150

商标专用权能否作为质押物呢？ ………………………… 152

提单的兑现日期先于银行主债权到期的，该如何处理？ … 154

用自购基金进行质押，是否具有法律效力？ …………… 156

如何确定质权设立的时间？ ……………………………… 158

债权人拒绝向清偿借款的质押人归还质押物，该行为是否合法？ ………………………………………………… 160

仓单作为质押物的担保，法律效力是怎样的？ ………… 162

非因质权人管理不善，质押物面临损毁风险的，应如何处理？ ……………………………………………… 163

先设定的抵押权是否优先于后设定的质权？ …………… 165

应收账款是否能够作为质押物？ ………………………… 168

用知识产权作质押，该质押自何时起生效？ …… 169
在规定流质条款的情况下，质权人如何受偿？ …… 171
因质权人不用心看管可能导致质押物受损，如何处理？ … 173
擅自转质致财产受损的，出质人该如何维权？ …… 175
没有及时拍卖质押物导致贬值，产生的损失应当由谁
　承担？ …………………………………………… 177
支票能否在担保行为中充当担保物？ …………… 179
如何判定股权质押设立？ ………………………… 180
注册商标专用权充当质押物后，还可以转让商标吗？ …… 182
事先未约定，质押物产生的孳息该归谁所有？ …… 184

第七章　留置权 …………………………………… 187

留置权在留置物丢失后还存在吗？ ……………… 187
债务没到履行期时，债权人可以留置债务人的物品吗？ … 189
如果动产与债权债务无关，可以留置吗？ ……… 190
承揽合同已经约定了不能留置，遇到不付加工费的情
　形还能留置吗？ ………………………………… 192
留置物的价值可以大于债权吗？ ………………… 193
因未将留置货物妥善保管而使货物受损，留置权人应
　该赔偿吗？ ……………………………………… 195
可以直接对不易保存的、易腐鲜活的留置物行使留置
　权吗？ …………………………………………… 197
留置权人在将留置财产变卖后，能将所得的价款全部
　留下吗？ ………………………………………… 199

债权人行使留置权后，如果没有与债务人约定具体
　　付款期限，应该怎么办？ …………………………… 200
债务人另外提供担保的，债权人还可以继续留置财
　　产吗？ ………………………………………………… 202
质权与留置权哪一个应该优先行使呢？ ……………… 204
运输方将货物运到目的地后，托运人拒付运费怎么办？ … 206
没有交保管费，保管公司就可以扣留货物吗？ …………… 208
桌椅板凳已经做好了，但定做人不交加工费怎么办？ …… 210
债务人可以要求债权人行使留置权吗？在债权人不行
　　使权利的情况下应该怎么办呢？ ……………………… 211

第一章

银行贷款

借款利息能否预先在本金中扣除？

▷ 案例实录

冯某自某科技大学毕业后，与几名同学出资成立了一家科技公司。公司成立后，冯某等人研究的科技项目遭遇了资金不足的困境。为了使该项目继续下去，冯某从某商业银行贷款50万元。借款合同中约定，贷款金额为50万元，贷款期限为三年。合同签订后，银行依合同约定给该科技公司发放贷款，但在放款时，却说为了保证该科技公司支付利息，要预先扣除三年的贷款利息，只将扣除利息后的余额发放给科技公司。冯某等人对银行的做法感到很不解，他们想知道，银行可以预先扣除贷款利息吗？有什么法律依据？

○ 律师分析

该银行无权预先扣除科技公司借款的利息。《民法典》第六百七十条明确规定："借款的利息不得预先在本金中扣除。利息预先在本金中扣除的，应当按照实际借款数额返还借款并计算利息。"由此可知，银行应按合同约定的金额向该科技公司发放贷款，而不能预先扣除借款总额所产生的利息。否则，科技公司收到的借款本金实际上就减少了,其预期的经济收益也会受到影响。

🔧 法条链接

《中华人民共和国民法典》

第六百七十条 借款的利息不得预先在本金中扣除。利息预先在本金中扣除的,应当按照实际借款数额返还借款并计算利息。

💡 温馨提示

借款人有权利依据借款合同的约定取得和使用全部贷款,这一权利不仅仅存在于借款人与银行的借款中,也存在于普通民间借贷中。如果合同明确约定借款人放弃此项权利,该合同有可能因违反法律禁止性规定而被认定为无效,尤其是银行与客户之间的合同。对于银行而言,不仅不能预先扣除利息,也不得以扣除相关费用的形式减少借款人按照合同约定应取得的贷款本金。

⏱ 自测小题

判断题:张某与某小贷公司订立了贷款合同,根据合同约定,某小贷公司发放贷款时就先扣除第一个月的利息。张某觉得这是"砍头息",要求解除合同。张某的说法正确吗?( )①

---

① 解答:正确。

金融机构的贷款利率是如何确定的？

▶ 案例实录

朱某看到冷饮市场异常火爆，于是打算投资成立一家冷饮厂，但手中资金不足。为了筹集资金，朱某准备从银行贷款。朱某的朋友夏某是某商业银行的高管，朱某便找夏某帮忙，希望可以尽快拿到贷款以便投入生产，同时希望可以将贷款利率尽可能地降低。后在朱某的大红包面前，夏某妥协了，给朱某开了后门，私自将贷款利率降到了低于央行规定的贷款利率的下限。那么，夏某擅自降低银行利率的行为合法吗？

○ 律师分析

本案中，朱某想投资成立冷饮厂，但是资金有限，于是打算向银行贷款。为了获得更低的贷款利率，朱某选择了贿赂夏某，这一行为显然是违法的。夏某在利益面前妥协了，给朱某开了后门，将贷款利率降到了低于央行规定的下限。根据《民法典》第六百八十条第一款的规定，贷款的利率不得违反国家有关规定。可见，对于银行贷款利率的确定，法律是有明确规定的，任何单位和个人都不得以任何理由违反中国人民银行规定的限度。所以，夏某的行为是违法的。

⚙ 法条链接

《中华人民共和国民法典》

第六百八十条第一款　禁止高利放贷，借款的利率不得违反国家有关规定。

《中华人民共和国商业银行法》

第三十一条　商业银行应当按照中国人民银行规定的存款利率的上下限，确定存款利率，并予以公告。

温馨提示

如果金融贷款合同约定的利率超出了中国人民银行规定的上限，超出部分应当确认无效；如果约定的利率低于中国人民银行规定的下限，应当调整至利率下限。如果合同未约定利息，当事人事后未达成补充协议，贷款人为金融机构的，则应当按照中国人民银行所规定的同档期贷款利率确定。

自测小题

选择题：景林公司流动资金紧张，欲向银行申请贷款。该公司总经理辗转找到某商业银行，称愿意以年利率30%的利率标准申请一笔短期流动资金贷款，并以自有工厂作抵押担保。关于本案，下列说法正确的是？（　　）[1]

A. 景林公司自愿以年利率30%的利率标准申请贷款，不违反平等自愿原则，银行可以基于此标准提供贷款

B. 年利率30%的利率标准过高，银行不得以此为标准提供贷款

C. 景林公司自愿高利借贷，有利息可以为清偿债务提供保证，不必提供抵押担保

---

[1] 解答：B。

什么是借款展期？借款人满足什么条件可以申请展期？

▷ 案例实录

某品牌玩具生产厂因国内玩具市场竞争压力大，市场销售空间受到挤压，于是将目光转向了国外市场。该玩具厂经过考察后，发现国外的玩具市场比国内市场销售空间大。为适应国内外市场的需求，该玩具厂准备引进一批新设备，但是没有足够的资金。去年，该玩具厂向银行贷款100万元，贷款期限为一年。到现在贷款快要到期了，可玩具厂的国外市场尚未完全开发出来，玩具厂没有足够的资金偿还贷款，便打算向银行申请展期。那么，什么是展期？玩具厂符合申请展期的条件吗？

◎ 律师分析

本案中，由于玩具厂引进新设备的资金不足，向银行贷款100万元，期限为一年。快到还款日期时，玩具厂因没有能力还清贷款而想延期。延期偿还意味着继续向银行借贷，这一行为在法律上被称为"展期"。贷款展期是指贷款人在向银行申请贷款并获得批准的情况下延期偿还贷款的行为。根据《民法典》第六百七十八条的规定，借款人可以在还款期限届满之前向贷款人申请展期；贷款人同意的，可以展期。玩具厂在无法按期还款的情况下，应提前向银行提出书面申请，银行在接到申请后会对玩具厂的信贷行为和资产进行核实、评估，如果符合条件，银行同意延长贷款期限的，根据《贷款通则》第12条，短期贷款展期期限不得超过原贷款期限的规定，玩具厂最多可以展期一年。

法条链接

《中华人民共和国民法典》

第六百七十八条　借款人可以在还款期限届满前向贷款人申请展期；贷款人同意的，可以展期。

温馨提示

借款展期是对原借款合同的履行期限进行变更，因此，借款人申请展期应当得到贷款人的同意。同时需要注意的是，由于借款展期使原借款合同的履行期间延长，如果原借款合同中借款人有保证人提供担保，且贷款人想让保证人继续承担保证责任的，应当征得保证人的同意。否则，保证人可以不再承担保证责任。

自测小题

选择题：江某去年向银行贷款20万元，今年3月1日到期。江某目前没有资金还款，他听说实在还不出钱，可以办理展期。于是，江某便联系了银行专员，称自己3月还不上钱，要5月底才行。银行未同意。请问，江某应当在何时履行还款义务才不构成违约？（　　）[1]

A. 今年3月1日前

B. 今年5月底

C. 明年3月底

---

[1] 解答：A。

借款人能否不按约定的用途使用借款?

案例实录

华某经营着一家木材加工厂。去年,华某因为木材加工厂原料不足,资金短缺,遂向某建设银行贷款20万元。华某与该建设银行签订了借款合同,合同中约定:贷款金额为20万元,贷款期限为一年,贷款用途为购买木材。不久前,银行的20万元贷款到账。银行贷款到账时,恰逢股市行情好,华某作为一名资深的股民,自然不想错过这个好机会。因此,华某在未与该建设银行协商的情况下,擅自将银行贷款投资到了股市。银行得知该情况后,要求华某提前偿还借款。银行的要求遭到了华某的拒绝,该银行遂将华某告上了法庭。那么,借款人能否擅自改变合同约定的借款用途呢?

律师分析

借款用途是借款合同中最重要的内容之一,直接关系到借款人是否能按期偿还,如果借款人擅自变更借款用途,无疑会增加贷款人的风险。因此,《民法典》第六百七十三条明确规定,借款人应按合同约定的用途使用借款。具体到本案中,华某只能按合同约定将贷款用于购买木材,不能擅自变更借款用途。

法条链接

《中华人民共和国民法典》

第六百七十三条 借款人未按照约定的借款用途使用借款的,贷款人可以停止发放借款、提前收回借款或者解除合同。

温馨提示

依据法律规定，借款用途是借款合同当事人需要约定的重要内容，尤其是在金融机构的贷款合同中。按照合同约定的借款用途使用借款是借款人的主要义务之一，借款人不得擅自改变借款用途。但是，借款人并非在任何情况下都不能改变借款用途，如果借款人得到了贷款人的同意，那么就可以改变借款用途。

自测小题

选择题：常某在银行贷了20万元，分三期发放，贷款合同中约定的用途是经营种植园。后银行在一次审查中发现，常某并没有经营种植园。对此，银行可以采取以下哪些措施？（　　）[①]

A. 停止发放后续贷款

B. 收回已发放贷款

C. 单方解除贷款合同

贷款人是否有权利对借款人的情况进行审查？

案例实录

杨某喜欢喝茶、品茶，并出资开办了一家茶楼。茶楼开业以后，生意一直不错。几年后，随着茶楼生意越来越好，杨某觉得茶楼的面积有些小，装修也很老旧。经过认真考虑，杨某决定将相邻的商铺也买下来，扩大茶楼的面积，重新装修茶楼。但

[①] 解答：ABC。

是，杨某手里的资金不足。于是，杨某向某银行申请贷款50万元。在杨某等待银行审批的过程中，银行要求杨某提供茶楼经营状况及个人财产情况的证明等材料。那么，贷款人有权对杨某的情况进行审查吗？

律师分析

银行有权对杨某的情况进行审查。《民法典》第六百六十九条规定："订立借款合同，借款人应当按照贷款人的要求提供与借款有关的业务活动和财务状况的真实情况。"因此，杨某与某银行订立借款合同时，应完整提供银行要求提供的与贷款有关的资料，这是借款人应尽的义务。所以，当银行依照法定程序要求杨某出示相关证明材料时，杨某应积极配合。

法条链接

《中华人民共和国民法典》

第六百六十九条　订立借款合同，借款人应当按照贷款人的要求提供与借款有关的业务活动和财务状况的真实情况。

温馨提示

贷款人在决定是否向借款人提供借款前，为确保贷款以后能够按时收回，需要了解借款人的业务活动和财务状况。作为借款人，在贷款人对其进行审查时，应当尽到必要的协助义务。接受审查的借款人的范围不仅包括企事业法人，还包括非法人经济组织、个人合伙组织、个体工商户和具有完全民事行为能力的自然人。

自测小题

选择题：银行就贷款业务审查企业的业务活动和财务状况时，涉及商业秘密的，企业可以拒绝提供相关材料吗？（　）[①]

A. 可以

B. 不可以

C. 相关材料与借款无关时，可以拒绝，否则就应当提交

借款人未按约定日期到银行提取借款，应承担什么后果？

案例实录

赵某和张某合伙成立了一家造纸厂，经过几年的发展，该造纸厂在两人的努力经营下生意越来越红火。但是随着国家对各行业规定的环保标准越来越高，赵某和张某为了适应新的要求，决定引进更加环保的设备进行生产。由于引进先进环保设备的资金有缺口，两人便向某商业银行贷款，并签订了借款合同，约定了提款日期。因为环保设备的引进还未完全协商好，赵某与张某在约定的提款日后半个月才去银行提款。银行的工作人员告诉两人，利息仍然要从约定的提款日开始计算。那么，银行的说法正确吗？

律师分析

赵某和张某应当从借款合同约定的提款日期开始支付银行利息。根据《民法典》第六百七十一条第二款的规定，借款人应按

[①] 解答：C。

照约定的日期、数额收取借款，并按照约定的日期、数额支付利息。由此可知，借款人支付利息应当从约定的提款日期开始计算，并不是从借款人实际提取款项的日期开始计算。因此，本案中，虽然赵某和张某未按约定去提取款项，但仍然应按约定支付利息，银行的说法是正确的。

法条链接

《中华人民共和国民法典》

第六百七十一条第二款 借款人未按照约定的日期、数额收取借款的，应当按照约定的日期、数额支付利息。

温馨提示

金融机构与借款人签订的借款合同不以交付借款为成立要件，缔约当事人的意思表示达成一致合同即告成立。对该合同约定的内容，借贷双方都应当严格遵守，借款人无正当理由未按约定提取借款本身就是一种违约行为。但是值得注意的是，自然人之间的借款合同是在出借方交付借款时才成立的。所以，自然人之间的借款不适用上述条款。

自测小题

选择题：借款到期后，借款人没有偿还借款，银行是否有权要求其支付逾期利息？（ ）[1]

A. 银行有权主张逾期利息

B. 银行无权主张逾期利息

C. 仅在借款合同约定了逾期利息时，银行才能主张逾期利息

---

[1] 解答：A。

第二章

民间借贷

自然人之间的借款合同何时生效？

案例实录

张某因家中急需用钱，向吴某提出借款10万元。吴某同意借钱，但是要等其一个月的存款到期后才能将钱给张某，且希望张某能写张借条。张某表示接受，于是写了借条，双方还在借条上约定了还款日期、利息等内容。一个月后，吴某把10万元现金给了张某。那么，张某与吴某的借款合同何时生效？利息从何时计算呢？

律师分析

张某向吴某借钱属于自然人之间的借款，且双方属于先签合同后借钱的情形。吴某在出借过程中关注的是借款这一事实能否被证明，因而只是要求张某写了借条，对合同的形式并不注意。根据《民法典》第六百七十九条的规定，自然人之间的借款合同，自贷款人提供借款时成立。根据《最高人民法院关于审理民间借贷案件适用法律若干问题的规定》第九条的规定，自然人之间的借款以现金支付的，自借款人收到借款时，可以视为借款合同成立。

所以，无论双方当事人的借款合同采取的是口头形式还是书面形式，合同都是在借款人收到借款时生效，这样有利于确定双方的权利和义务，减少纠纷的发生。本案中，借款合同自张某实际收到借款时生效，利息也是从合同生效时才开始计算。

法条链接

《中华人民共和国民法典》

第六百七十九条 自然人之间的借款合同，自贷款人提供借款时成立。

《最高人民法院关于审理民间借贷案件适用法律若干问题的规定》

第九条 自然人之间的借款合同具有下列情形之一的，可以视为合同成立：

（一）以现金支付的，自借款人收到借款时；

（二）以银行转账、网上电子汇款等形式支付的，自资金到达借款人账户时；

（三）以票据交付的，自借款人依法取得票据权利时；

（四）出借人将特定资金账户支配权授权给借款人的，自借款人取得对该账户实际支配权时；

（五）出借人以与借款人约定的其他方式提供借款并实际履行完成时。

温馨提示

为了维护借款人和出借人的权益，借款合同在借款到位后生效。签订合同的日期并不能作为支付利息的起始日期，而应该以收到借款时为准。

自测小题

选择题：贾某口头向杨某借款5万元，后杨某通过微信将钱转给贾某。半年后，杨某要求贾某还款，贾某以双方之间无借款合同为由拒绝。贾某的说法是否正确？（　　）①

A. 正确，杨某与贾某之间的借款合同不成立，贾某无须还款

B. 错误，杨某与贾某之间成立借款合同关系，贾某应当还款

C. 不完全正确，杨某与贾某之间不成立借款合同关系，但贾某获得转账构成不当得利，应当返还借款

借条的复印件能作为认定案件事实的依据吗？

案例实录

张某想买一辆私家车，方便上下班，但还差5万元。于是，张某向同学孙某借钱。孙某家庭条件很好，手头宽裕，便非常痛快地答应了张某的请求。张某在拿到孙某的现金借款后，亲自写了一张借条，注明了借款金额、还款日期，还按了手印。孙某怕借条不小心弄丢就复印了一张。一年后，孙某找不到借条原件，只得拿出复印件。张某见孙某只有借条的复印件，便不肯还钱。孙某称原件丢了并不影响还钱，两人僵持不下。孙某想将张某告上法庭，那么，借条的复印件能作为认定案件事实的依据吗？

---

① 解答：B。

律师分析

《最高人民法院关于适用〈中华人民共和国民事诉讼法〉的解释》第九十条规定，当事人对自己提出的诉讼请求所依据的事实有责任提供证据加以证明。证据不足以证明当事人的事实主张的，由负有举证责任的当事人承担不利后果。同时，《最高人民法院关于民事诉讼证据的若干规定》第九十条明确规定，无法与原件、原物核对的复印件、复制品，不能单独作为认定案件事实的依据。本案中，孙某向法院起诉要求张某还钱，应就借款事实的存在提供证据，如果不足以证明事实，则由孙某承担不利后果。所以，如果孙某仅提供借条复印件，其还款请求不能得到法院的支持。但是，根据《最高人民法院关于适用〈中华人民共和国民事诉讼法〉的解释》第九十二条的规定，合法的自认一定程度上可以免除对方的举证责任。所以，如果张某承认借款事实，则孙某的还款请求可以获得支持。

法条链接

《最高人民法院关于适用〈中华人民共和国民事诉讼法〉的解释》

第九十条 当事人对自己提出的诉讼请求所依据的事实或者反驳对方诉讼请求所依据的事实，应当提供证据加以证明，但法律另有规定的除外。

在作出判决前，当事人未能提供证据或者证据不足以证明其事实主张的，由负有举证证明责任的当事人承担不利的后果。

第九十二条 一方当事人在法庭审理中，或者在起诉状、答辩状、代理词等书面材料中，对于己不利的事实明确表示承认的，另一方当事人无需举证证明。

对于涉及身份关系、国家利益、社会公共利益等应当由人民法院依职权调查的事实，不适用前款自认的规定。

自认的事实与查明的事实不符的，人民法院不予确认。

《最高人民法院关于民事诉讼证据的若干规定》

第九十条　下列证据不能单独作为认定案件事实的根据：

……

（五）无法与原件、原物核对的复制件、复制品。

温馨提示

原件与复印件在证明效力上存在差别，不能等同。在法律上，原件的复印件不能单独成为事实依据，也就是说，仅有复印件不能得到法院的支持。所以，当事人应妥善保管原件，以免利益受损。

自测小题

选择题：唐某想向人民法院起诉邱某欠钱不还，但他手上只能找到借条的复印件和给邱某转账的流水。他去咨询律师，对方说诉讼用的证据一定要是原件，不然肯定败诉。该律师的说法正确吗？（　）[1]

A. 正确，当事人必须提供原件，否则无法证明待证事实

B. 错误，如果人民法院经审查后认为复印件真实、合法且可

---

[1] 解答：B。

以与其他证据相印证，仍然可以作为认定案件事实的依据

C. 错误，只要是证据，什么形式都可以。法院审查的是证据的内容而非形式

超越代理权签订的借款合同，由谁承担还款责任？

▷ 案例实录

张某经营了十年的灯饰城出现了经营困难，张某认为，为了维持灯饰城的正常运作，必须及时注入充足的流动资金，缓解资金压力。为了筹钱，张某四处奔波，后来朋友孙某同意借款以解燃眉之急。在签订借款合同之日，张某有事不能亲自到场，便委托助理王某作为代理人，授权其向孙某借款 30 万元，双方签订了授权委托书。王某在与孙某的交谈中表示，公司的资金缺口是 50 万元，希望孙某鼎力相助。孙某同意借款 50 万元，双方签订了借款合同。但事实上，张某只想向孙某借款 30 万元，因此到还款日时，张某拒绝还款。那么，王某超越代理权签订合同，由谁承担还款责任呢？

◯ 律师分析

王某超越了张某的授权范围与孙某签订借款合同，是无权代理的行为。根据《民法典》第一百七十一条的规定，行为人超越代理权以被代理人名义订立的合同，未经被代理人追认，对被代理人不发生效力。相对人可以催告被代理人自收到通知之日起 30 日内予以追认。被代理人未作表示的，视为拒绝追认。若行为人实施的行为未被追认的，那么善意相对人有权请求行为人履行债

务或者就其受到的损害请求行为人赔偿。但是，赔偿的范围不得超过被代理人追认时相对人所能获得的利益。所以，如果张某对王某的无权代理行为表示承认，则该借款合同由张某承担法律责任，由张某负责按借款合同还款。如果张某未作出表示，孙某可以催告张某在一个月内予以追认。如果张某明确拒绝或在催告期内未作表示，则王某超越代理权而与孙某签订的借款合同就不能对张某产生法律效力，因此而产生的还款责任就应该由王某承担。本案中，张某拒绝还款，且未对王某超越代理权以自己的名义订立合同予以追认，所以该合同对其不发生效力，多借的20万元，应由王某偿还。

法条链接

《中华人民共和国民法典》

第一百七十一条　行为人没有代理权、超越代理权或者代理权终止后，仍然实施代理行为，未经被代理人追认的，对被代理人不发生效力。

相对人可以催告被代理人自收到通知之日起三十日内予以追认。被代理人未作表示的，视为拒绝追认。行为人实施的行为被追认前，善意相对人有撤销的权利。撤销应当以通知的方式作出。

行为人实施的行为未被追认的，善意相对人有权请求行为人履行债务或者就其受到的损害请求行为人赔偿。但是，赔偿的范围不得超过被代理人追认时相对人所能获得的利益。

相对人知道或者应当知道行为人无代理的，相对人和行为人按照各自的过错承担责任。

温馨提示

被授权的代理人应该在授权范围内履行自己的职责,超越代理权以被代理人名义订立合同且得不到被代理人的承认的,超越代理权的部分由行为人承担责任。

自测小题

选择题:张某作为 A 公司的委托代理人,其委托代理权限已经终止。此后,张某又以 A 公司代理人的身份与 B 公司签订了买卖合同。那么,对于 B 公司来讲,在知道张某为无权代理人后,其可以怎么办?( )[1]

A. 催告 A 公司对张某签订合同的行为进行追认

B. 通知对方撤销合同

没约定还款日期的,何时还款?

案例实录

李某想开一家电器维修店,大概需要资金 5 万元,但是李某只有 1 万元。李某将自己的苦恼告诉了朋友张某,张某觉得自己应该帮助李某创业,于是主动提出借钱给李某。李某欣喜万分,并觉得借钱肯定得还,所以要订立一份借款合同。两个人都没有写过借款合同,就把能想到的条款都写到了合同里,双方确定后签字。事后,张某发现合同里竟然没有写还款日期。那么,没约

---

[1] 解答:AB。

定还款日期的，何时还款呢？

◯ 律师分析

在这种情况下，张某可以与李某签订补充协议或催告李某在合理期限内履行还款义务。《民法典》第六百七十五条规定，如果借款合同中没有约定借款期限或者借款期限约定不明确，借款人可以随时返还，贷款人可以催告借款人在合理期限内返还。本案中，李某与张某的借款过程、内容、形式等符合法律对借款程序的规定，因此二人签订的借款合同合法有效，双方应当受到合同的约束。但由于双方未就还款时间作出约定，所以李某可以与张某在合同中补充关于还款期限的条款，或者随时返还借款。张某也可以随时要求李某在合理期限内还款。

◯ 法条链接

《中华人民共和国民法典》

第六百七十五条 借款人应当按照约定的期限返还借款。对借款期限没有约定或者约定不明确，依据本法第五百一十条的规定仍不能确定的，借款人可以随时返还；贷款人可以催告借款人在合理期限内返还。

◯ 温馨提示

当事人在订立借款合同时未明确具体的还款期限的，有三种解决方式：一是事后双方就还款期限进行协商后补充到借款合同中；二是借款人随时还款；三是出借人催促借款人在合理的期限内还款。

自测小题

选择题:债务人到期未清偿债务,债权人可以采取以下哪些措施?( )[①]

A. 与债务人协商

B. 到人民法院提起诉讼

C. 申请人民调解委员会调解

朋友间借钱没有约定是否支付利息,该怎么办?

案例实录

程某与相恋多年的女友决定在劳动节举办婚礼。由于筹备之初花钱大手大脚,结果将多年的积蓄都花光了,等到预订饭店酒席时还差3万元。程某向朋友苏某借钱,苏某爽快地答应了。程某写了借条,明确了借款金额和还款日期,双方确定无误后签字。到了还款日期,程某准备好了3万元,苏某却说应该支付一年的利息,而程某觉得合同上没有约定利息,不应该支付。那么,朋友之间借钱没有约定是否支付利息,该怎么办?

律师分析

程某无须向苏某支付利息。根据《民法典》第六百八十条的规定可知,自然人之间的借款合同对支付利息没有约定或者约定不明确的,视为没有利息。本案中,程某按照约定履行了自己的

[①] 解答:ABC。

义务，按期偿还欠款，而苏某却要求其支付利息。因双方事先并未约定借款利息，所以苏某的请求得不到法律的支持，程某与苏某之间的借款应视为无息借款。

法条链接

《中华人民共和国民法典》

第六百八十条　禁止高利放贷，借款的利率不得违反国家有关规定。

借款合同对支付利息没有约定的，视为没有利息。

借款合同对支付利息约定不明确，当事人不能达成补充协议的，按照当地或者当事人的交易方式、交易习惯、市场利率等因素确定利息；自然人之间借款的，视为没有利息。

温馨提示

双方在有借条的情况下应该严格按照借条约定的内容履行各自的义务，未在借条中明确约定是否支付利息的，视为无须支付利息。

自测小题

选择题：薛某向周某借款，借条载明："今借到周某人民币10万元整，借款期限内支付利息。"请问，该借款应当支付利息吗？（　　）①

A. 应支付

B. 不应支付，属于自然人之间借款约定不明的情形

---

① 解答：B。

未约定支付利息的期限，该什么时候支付利息？

▶ 案例实录

李某想开一家木材加工厂，预计需要资金20万元。李某多年做生意只积攒下来10万元，于是他打算向邻居张某借10万元。张某支持李某创业，同意借钱。李某给张某写了借条，明确了借款金额和利息，约定借款期限为五年，双方确定后签字。一年后，张某的儿子考上了大学，张某想要李某支付第一年的利息，但遭到了李某的拒绝。李某称利息不能分期支付，要五年后一起支付。那么，没有约定支付利息的期限，该什么时候支付利息呢？

◯ 律师分析

根据《民法典》第六百七十四条的规定，借款人应当按照约定的期限支付利息。对支付利息的期限没有约定或者约定不明确，又不能根据该法第五百一十条的规定确定，且借款期间不满一年的，应当在返还借款时一并支付；借款期间一年以上的，应当在每届满一年时支付，剩余期间不满一年的，应当在返还借款时一并支付。根据该法第五百一十条的规定，合同生效后，当事人就质量、价款或者报酬、履行地点等内容没有约定或者约定不明确的，可以协议补充；不能达成补充协议的，按照合同相关条款或者交易习惯确定。本案中，李某与张某可以就利息的支付期限协议补充，如果不能达成补充协议的，借款期限为五年，李某应当在每届满一年时支付一次利息，最后一年的利息与本金一起偿还。

法条链接

《中华人民共和国民法典》

第五百一十条 合同生效后,当事人就质量、价款或者报酬、履行地点等内容没有约定或者约定不明确的,可以协议补充;不能达成补充协议的,按照合同相关条款或者交易习惯确定。

第六百七十四条 借款人应当按照约定的期限支付利息。对支付利息的期限没有约定或者约定不明确,依据本法第五百一十条的规定仍不能确定,借款期间不满一年的,应当在返还借款时一并支付;借款期间一年以上的,应当在每届满一年时支付,剩余期间不满一年的,应当在返还借款时一并支付。

温馨提示

为了避免纠纷,借款人和出借人在借款之初应该明确利息支付的期限及方式,并清晰地标注在借条上。如果双方未明确利息的支付时间,应按照法律规定按期支付。

自测小题

选择题:张某借给马某一笔钱,借款合同约定,马某应当按照年利率8%的标准支付利息。由于合同中没有约定利息支付的时间,所以马某经常拖欠利息。请问,下列关于该案的利息支付时间的说法,正确的有哪些?(   )[①]

A. 张某可以和马某补充约定利息支付时间

B. 马某不必支付利息

[①] 解答:AC。

C. 如果借款期限超过一年，且双方未达成补充约定的，马某应在每届满一年时支付

借款人逾期不还款，应当怎么处理呢？

▶ 案例实录

今年年初，王某看中了一套三居室的住房，首付需要 10 万元，但王某还差 3 万元才能凑齐首付款。王某不想错失买房的机会，于是向同学孙某借了 3 万元。王某给孙某写了借条，注明了借款的金额、还款时间、逾期利率。按照约定，王某应在上个月还款，但是王某以没攒够钱为由希望孙某宽限半年。孙某提出，如果不能还钱，超过的半年得支付利息。王某认为孙某不讲情面。那么，应当怎么处理呢？

◯ 律师分析

根据《民法典》第六百八十条的规定，自然人之间的借款合同对支付利息没有约定或者约定不明确的，视为没有利息。《最高人民法院关于审理民间借贷案件适用法律若干问题的规定》第二十五条第一款规定，借贷双方没有约定利息，出借人主张支付利息的，人民法院不予支持。本案中，王某向孙某借钱时，双方在借条中没有约定利息。因此，王某在借款合同期限内是不需要支付利息的。

但是，王某在约定的借款期限届满时没有按照约定偿还债务，孙某要求王某支付逾期利息是合法的。根据《民法典》第六百七

十六条的规定，借款人未按照约定的期限返还借款的，应当按照约定或者国家有关规定支付逾期利息。《最高人民法院关于审理民间借贷案件适用法律若干问题的规定》第二十八条也规定，借贷双方对逾期利率有约定的，从其约定，但是以不超过合同成立时一年期贷款市场报价利率4倍为限，本案例中，王某与孙某在借条中约定了逾期利率，因此在王某到期未还款的情况下，孙某要求王某支付逾期利率是合法的。当然，这个利率也是有限度的，即该利率不得超过合同成立时一年期贷款市场报价利率的4倍。

法条链接

《中华人民共和国民法典》

第六百七十六条　借款人未按照约定的期限返还借款的，应当按照约定或者国家有关规定支付逾期利息。

《最高人民法院关于审理民间借贷案件适用法律若干问题的规定》

第二十四条第一款　借贷双方没有约定利息，出借人主张支付利息的，人民法院不予支持。

第二十八条　借贷双方对逾期利率有约定的，从其约定，但是以不超过合同成立时一年期贷款市场报价利率四倍为限。

未约定逾期利率或者约定不明的，人民法院可以区分不同情况处理：

（一）既未约定借期内利率，也未约定逾期利率，出借人主张借款人自逾期还款之日起参照当时一年期贷款市场报价利率标准计算的利息承担逾期还款违约责任的，人民法院应予支持；

（二）约定了借期内利率但是未约定逾期利率，出借人主张借款人自逾期还款之日起按照借期内利率支付资金占用期间利息的，人民法院应予支持。

💡 温馨提示

借款人有按时还清欠款的义务，逾期不能还款的，双方约定了逾期利率的，出借人有权要求借款人支付超过约定期限的利息，但是以不超过合同成立时一年期贷款市场报价利率4倍为限。

⏱ 自测小题

填空题："一年期贷款市场报价利率"简称_____。①

借款人提前还款的怎么计算利息？

▶ 案例实录

张某的公司因投资项目失败导致经营状况不佳。为了维持公司的正常运作，张某需要筹集50万元资金，以缓解经营压力。张某的同学李某得知张某的困难后，决定伸出援手，借给张某50万元。张某非常感动，执意与李某签订了借款合同，合同约定借款期限为三年，按照银行利率每届满一年支付一次利息。有了足够的资金投入，张某的公司经营状况逐渐转好。一年后，该公司扭亏为盈。张某想提前把钱还给李某，李某表示同意。那么，借款人提前还款的，该怎么计算利息呢？

---

① 解答：LPR。

律师分析

根据《民法典》第六百七十七条的规定，借款人提前返还借款的，除当事人另有约定外，应当按照实际借款的期间计算利息。《最高人民法院关于审理民间借贷案件适用法律若干问题的规定》第三十条也规定，借款人可以提前偿还借款，但是当事人另有约定的除外。借款人提前偿还借款并主张按照实际借款期间计算利息的，人民法院应予支持。本案中，张某提出提前清偿债务，李某同意张某的请求，则表明双方就还款达成了协议。但张某与李某订立的借款合同只约定了借款利息及其支付方式，并未约定提前清偿债务时利息的计算方法。因此，张某应按实际借款的期间计算自己应支付的利息。

法条链接

《中华人民共和国民法典》

第六百七十七条 借款人提前返还借款的，除当事人另有约定外，应当按照实际借款的期间计算利息。

《最高人民法院关于审理民间借贷案件适用法律若干问题的规定》

第三十条 借款人可以提前偿还借款，但是当事人另有约定的除外。

借款人提前偿还借款并主张按照实际借款期限计算利息的，人民法院应予支持。

温馨提示

借款人要按照借款合同的约定履行自己的还款义务。当借款人有能力提前还款时，在出借人同意的情况下，借款人可以提前还款，利息应按照实际借款期限计算。

自测小题

选择题：方某提前半年清偿了其之前向袁某借的钱，但最近他却后悔了。因为他做生意需要资金周转。他想找袁某将提前偿还的钱款要回来，等先前的债务履行期限届满之后再清偿。请问，方某是否享有返还请求权？（　　）[1]

A. 方某有返还请求权，可以要求袁某返还

B. 方某无返还请求权，不能要求袁某返还

民间借贷可以随便约定利率吗？

案例实录

刘某的母亲身患重病，需要长期住院治疗。刘某是个孝子，将多年的积蓄都花在了给母亲看病上，但母亲的病一直没有痊愈。为了让母亲持续治疗，刘某打算向张某借10万元。张某同意借款，但是要求刘某支付高额的利息，比银行利率高出了5倍。刘某无人可求，无奈之下只能同意张某的要求。那么，民间借贷可以随便约定利率吗？张某的要求合法吗？

律师分析

民间借贷不得随便规定利率，张某的要求不合法。《民法典》

---

[1] 解答：B。

明确禁止高利放贷，根据该法第六百八十条的规定，借款的利率不得违反国家有关规定。《最高人民法院关于审理民间借贷案件适用法律若干问题的规定》第二十五条规定："出借人请求借款人按照合同约定利率支付利息的，人民法院应予支持，但是双方约定的利率超过合同成立时一年期贷款市场报价利率四倍的除外。前款所称'一年期贷款市场报价利率'，是指中国人民银行授权全国银行间同业拆借中心自2019年8月20日起每月发布的一年期贷款市场报价利率。"本案中，张某在刘某急需用钱时要求其支付高于银行利率5倍的利息，不符合法律规定，超出合同成立时一年期贷款市场报价利率4倍的部分无效。

法条链接

《中华人民共和国民法典》

第六百八十条　禁止高利放贷，借款的利率不得违反国家有关规定。

借款合同对支付利息没有约定的，视为没有利息。

借款合同对支付利息约定不明确，当事人不能达成补充协议的，按照当地或者当事人的交易方式、交易习惯、市场利率等因素确定利息；自然人之间借款的，视为没有利息。

《最高人民法院关于审理民间借贷案件适用法律若干问题的规定》

第二十五条　出借人请求借款人按照合同约定利率支付利息的，人民法院应予支持，但是双方约定的利率超过合同成立时一年期贷款市场报价利率四倍的除外。

前款所称"一年期贷款市场报价利率"，是指中国人民银行授权全国银行间同业拆借中心自2019年8月20日起每月发布的一年期贷款市场报价利率。

💡 温馨提示

助人为乐是传统美德，但是借助人之名，行谋利之事，属于乘人之危，既是不道德的，也是违法的。朋友之间的借款可以约定利息，但是利率不得超过合同成立时一年期贷款市场报价利率的4倍，否则属于违法行为，超出部分不能得到法院支持。

⏱ 自测小题

选择题：韩某最近找到一条发财路：找个由头从银行贷款，然后再高利放贷给其他人，从中谋取利益。请问，此种行为是否合法？（ ）①

A. 合法，且无任何法律风险

B. 合法，但行为人可能无法达到预期目的

C. 不合法，行为人可能面临刑事处罚

债权人能否将债权转让给第三人？

▶ 案例实录

张某打算将家里所有的家具、家电都换成新的，大概需要6万元，除去个人积蓄还差2万元。于是，张某找到了同事孙某，希望他能借给自己2万元。孙某考虑后同意借钱，双方签订了借款合同，

---

① 解答：C。

约定借款三年，利息按银行利率计算。半年后，孙某因投资股票失败，欠了刘某2万元。于是，孙某将对张某的债权转让给刘某，双方签订了债权转让合同。事后，孙某将转让债权的事情告知了张某，张某表示不满。那么，债权人能否将债权转让给第三人呢？

律师分析

一方面，根据《民法典》第五百四十五条的规定，债权人可以将债权的权利全部或者部分转让给第三人，但有下列情形之一的除外：（一）根据债权性质不得转让；（二）按照当事人约定不得转让；（三）依照法律规定不得转让。孙某并未与张某在合同中约定债权不得转让，也没有其他不得转让债权的情形限制，所以孙某可以将债权转让给刘某。另一方面，根据《民法典》第五百四十六条的规定，债权人转让权利的，应当通知债务人。未经通知，该转让对债务人不发生效力。由此可知，孙某转让债权，应当通知债务人张某，否则该转让不对张某发生效力，张某仍可向孙某还款以消灭债权。本案中，孙某就转让事宜通知了张某，依法发生债权转让的效力。张某虽然不满，但是借款期满后，其应向刘某履行还款义务。

法条链接

《中华人民共和国民法典》

第五百四十五条 债权人可以将债权的全部或者部分转让给第三人，但是有下列情形之一的除外：

（一）根据债权性质不得转让；

（二）按照当事人约定不得转让；

（三）依照法律规定不得转让。

当事人约定非金钱债权不得转让的，不得对抗善意第三人。当事人约定金钱债权不得转让的，不得对抗第三人。

第五百四十六条　债权人转让债权，未通知债务人的，该转让对债务人不发生效力。

债权转让的通知不得撤销，但是经受让人同意的除外。

温馨提示

债权人转让债权应符合法律规定，在转让债权后应及时告知债务人；未告知债权转让的，债务人有权对此不负责任，仍可以直接将款项还给原债权人。

自测小题

选择题：宋某欠了林某一笔钱，便与自己的债务人宗某商量，想将自己对林某的债务转移给宗某，今后由宗某直接向林某清偿，宗某同意。请问，宋某与宗某之间的债务转让行为是否进行完毕，若未完毕，还需要什么程序？（　　）[①]

A. 宋某与宗某之间的债务转让行为已进行完毕，宋某已将债务转让给宗某，该行为已成立并生效

B. 宋某与宗某之间的债务转让行为尚未进行完毕，宋某应征得林某的同意

C. 宋某与宗某之间的债务转让行为尚未进行完毕，宋某应通知林某

---

① 解答：C。

债务人依法将标的物提存，债权人还能要求债务人还款吗?

案例实录

肖某因房屋装修需要借款10万元。肖某的朋友将王某介绍给肖某认识，经过了解，王某愿意借钱给肖某。双方签订了借款合同，合同约定：借款10万元，借期一年，还款时连同利息一并还清。借款到期后，肖某凑齐了本息准备还给王某，却几经联系都找不到王某。肖某前往王某之前留下的家庭住址，却发现房屋换了主人。后来，肖某依法将本金和利息提存。三个月后，王某要求肖某还钱，肖某将提存的事情告知了王某，王某不理会，只要求还钱。那么，肖某依法将标的物提存后，王某还能要求肖某还款吗?

律师分析

肖某应当按照合同约定的期限偿还债务，但是因王某的住所变更没有告知肖某，导致肖某无法按约履行还款义务。对此，《民法典》第五百二十九条规定，债权人变更住所没有通知债务人，致使履行债务发生困难的，债务人可以中止履行或者将标的物提存。所以，肖某可以将借款本金及利息提存。

《民法典》第五百五十七条明确规定，债务人依法将标的物提存的，债权债务终止。可见，提存是债权债务关系消灭的原因。也就是说，债务人提存标的物的，依法被视为履行债务。因此，肖某将借款本金及利息提存后，其与王某之间的借贷关系就已经消灭了，王某不能再要求肖某还款，只能向提存机关请求提取，因提存所支出的费用，也应当由王某自己承担。

法条链接

《中华人民共和国民法典》

第五百二十九条　债权人分立、合并或者变更住所没有通知债务人，致使履行债务发生困难的，债务人可以中止履行或者将标的物提存。

第五百五十七条　有下列情形之一的，债权债务终止：

（一）债务已经履行；

……

（三）债务人依法将标的物提存；

……

合同解除的，该合同的权利义务关系终止。

温馨提示

出借人在变更住址后应该及时告知借款人，否则可能会导致借款人还款困难。一旦借款人将标的物提存后，出借人不但无权再要求借款人还款，还需要自行支付提存费用。

自测小题

选择题：当债权人出现以下哪些情形，致使债务人难以履行债务时，可以依法申请提存？（　　）①

A. 无正当理由拒绝受领

B. 下落不明

---

① 解答：ABCD。

C. 死亡且未确定继承人、遗产管理人

D. 丧失民事行为能力未确定监护人

还款期限未到,借款人死亡,该由谁还款?

案例实录

王某决定开办一个家装公司,但由于手头资金周转不灵,于是向朋友赵某借款 100 万元。双方经过协商签订了借款合同,约定借款期限为 3 年,每届满一年支付一次利息。不久前,王某突发心脏病经抢救无效死亡。几天后,赵某得知了王某死亡的消息,他很着急,不确定借给王某的钱到底应该跟谁要。那么,还款期限未到,借款人死亡,该由谁还款呢?

律师分析

王某在生前与赵某签订了借款合同,且赵某已经按照合同约定提供借款,因此王某应当负有按期还款的义务。债务清偿之前,王某突发心脏病身亡,但是债权债务关系仍然继续存在。关于应当由谁继续承担还款义务,首先需要明确的是,王某死亡时继承开始。如没有遗嘱,就按照法定继承办理,继承人在继承遗产的同时,也要在继承范围内承担被继承人应承担的义务。也就是说,王某的继承人应当在遗产继承范围内履行相应的还款义务。根据《民法典》第一千一百六十一条的规定,继承遗产应当清偿被继承人依法应当缴纳的税款和债务,缴纳税款和清偿债务以被继承人的遗产实际价值为限。超过遗产实际价值部分,继承人自愿偿还的不在此限。继承人放弃继承的，对被继承人依法应当缴纳的税款和债务可以不负偿还责任。所以，王某死亡后，由继承其遗产的继承人在继承范围内承担向赵某还款的义务。对于超过遗产实际价值的部分，继承人可以不再承担，但是自愿偿还的除外。

法条链接

《中华人民共和国民法典》

第一千一百六十一条　继承人以所得遗产实际价值为限清偿被继承人依法应当缴纳的税款和债务。超过遗产实际价值部分，继承人自愿偿还的不在此限。

继承人放弃继承的，对被继承人依法应当缴纳的税款和债务可以不负清偿责任。

温馨提示

债权债务关系并不会因为借款人的死亡而终止，借款人死亡后，其继承人在继承财产的同时也有义务清偿借款人生前的债务，债权人可以向遗产的继承者索要欠款。

自测小题

选择题：如果债务人的继承人都放弃继承，债权人可以向谁主张还款义务？（　）①

A. 债务人的继承人的子女

B. 遗产管理人

C. 债务人丧失还款必要，可以不还款

---

① 解答：B。

第三章

保证

保证人需要具备什么条件？

▷ **案例实录**

老王的儿子准备结婚，为了给儿子娶媳妇，老王花光了所有的积蓄盖了新房子，但是彩礼钱却没了着落。为了顺利办喜事，老王打算向邻居董某借5万元。董某知道老王年纪大了，没有经济来源，所以要求老王提供担保。老王找到了自己的哥哥作为保证人。老王的哥哥没有劳动能力，且仍是单身，因此董某并不想让老王的哥哥当保证人，但又不知道该怎么拒绝老王。那么，保证人需要具备什么条件呢？

律师分析

一般而言，具有代为清偿债务能力的法人、其他组织或者公民，都可以做保证人。具体如下：（一）法人：包括企业法人、事业单位法人、社会团体法人。需要注意的是，除经国务院批准为使用外国政府或者国际经济组织贷款进行转贷的外，机关法人不得作为保证人。同时，以公益为目的的非营利法人也不得为保证人。（二）其他组织：包括依法登记领取营业执照的独资企业、合伙企业；依法登记领取营业执照的联营企业；依法登记领取营业执照的中外合作经营企业；经民政部门核准登记的社会团体；经核准登记领取营业执照的乡镇、街道、村办企业。（三）公民：有完全民事行为能力且具备清偿能力的自然人。本案中，老王的哥哥失去了劳动能力，明显没有清偿债务的能力，因此不能当保证人。

法条链接

《中华人民共和国民法典》

第六百八十一条　保证合同是为保障债权的实现，保证人和债权人约定，当债务人不履行到期债务或者发生当事人约定的情形时，保证人履行债务或者承担责任的合同。

第六百八十三条　机关法人不得为保证人，但是经国务院批准为使用外国政府或者国际经济组织贷款进行转贷的除外。

以公益为目的的非营利法人、非法人组织不得为保证人。

温馨提示

不是所有人都具备成为保证人的条件，一旦成为保证人就意味着需要履行相应的保证义务。因此，作为保证人的法人、其他组织或者公民必须具备代为清偿债务的能力，以确保担保债权的实现。

自测小题

选择题：以下哪些主体不能成为保证人？（　　）[1]

A. 11岁的小明

B. 小明爷爷进行疗养的私立医院

C. 小明就读的公立学校

---

[1] 解答：AC。

学校可以当保证人吗？

▷ 案例实录

肖某在当地成立了一家食品生产有限公司，经过团队的潜心研发，该公司生产的绿色食品广受消费者欢迎，企业发展态势良好。为了开辟更广阔的市场、研发健康食品，公司决定加大资金投入。肖某向某公司提出借款200万元，某公司为了减少借款风险，要求肖某提供实力雄厚的保证人。肖某想到县重点高中的校长李某是自己的同学，于是想让学校作为自己的借款保证人。那么，学校可以当保证人吗？

◯ 律师分析

所谓保证，是指当债务人不履行债务或无能力履行债务时，保证人按照约定履行债务或者承担责任的行为。市场经济风险重重，合同双方尤其是具有较大交易金额的合同双方为确保合同的正常履行，保护自己的合法权益，常常要求合同相对方亲自或第三人为合同提供担保。在我国，个人、公司企业、社会团体、事业单位等都可以为合同担保。但是《民法典》第六百八十三条第二款明确规定："以公益为目的的非营利法人、非法人组织不得为保证人。"李某所在学校是以公益为目的的事业单位，不得当保证人。

⚙ 法条链接

《中华人民共和国民法典》

第六百八十三条第二款　以公益为目的的非营利法人、非法人组织不得为保证人。

温馨提示

社会公益性的事业单位是为社会服务的组织，是不以营利为目的的，它的资金来源于国家财政支出，不具有独立的清偿债务的能力。因此，这类组织和单位不能成为保证人。

自测小题

判断题：某私立学校是集团公司性质，可以作为保证人。（　）[①]

被担保的债权既有物的担保又有人的担保的，实现债权的顺序是怎样的？

案例实录

苗某购买的商品房竣工，苗某按期办理了交房手续。由于苗某准备年底结婚，所以新房装修成了苗某的首要任务。按照苗某的预算，装修款大概需要10万元。可苗某手头只有2万元，剩下的8万元打算向朋友张某借。张某为了维护自己的利益，要求苗某提供担保。苗某为了让张某放心，找了两个保证人——赵某提供抵押担保，将一间店面作为抵押物；某公司董事长崔某作为保证人。张某认为有了物和人的双重保证，借款没有了风险，便借了8万元给苗某。一年后，苗某无力偿还借款，但抵押人和保证人都拒绝承担保证责任，相互推诿，认为应由对方先承担保证责

[①] 解答：正确。

任。那么，被担保的债权既有物的担保又有人的担保的，实现债权的顺序是怎样的呢？

律师分析

通常我们将既有人的担保又有物的担保的情形称为"混合共同担保"，其顺序应按照《民法典》第三百九十二条的规定来确定，即被担保的债权既有物的担保又有人的担保的，债务人不履行到期债务或者发生当事人约定的实现担保物权的情形，债权人应当按照约定实现债权；没有约定或者约定不明确，债务人自己提供物的担保的，债权人应当先就该物的担保实现债权；第三人提供物的担保的，债权人可以就物的担保实现债权，也可以要求保证人承担保证责任。也就是说，在当事人未约定债权实现顺序时，要区分物的担保的提供者：债权人自己提供物的担保时，在债权实现中其应处于在先的顺序；第三人提供物的担保时，物保与人保不区分先后顺序。据此，本案中，抵押人赵某为借款合同当事人之外的第三人，在未约定债权实现顺序的情况下，张某可以要求任何一个担保人履行担保责任，即张某既可以先行使抵押权，也可以要求保证人先履行保证责任。

法条链接

《中华人民共和国民法典》

第三百九十二条 被担保的债权既有物的担保又有人的担保的，债务人不履行到期债务或者发生当事人约定的实现担保物权的情形，债权人应当按照约定实现债权；没有约定或者约定不明确，债务人自己提供物的担保的，债权人应当先就该物的担保实现债权；第三人提供物的担保的，债权人可以就物的担保实现债权，也可以请求保证人承担保证责任。提供担保的第三人承担担保责任后，有权向债务人追偿。

💡 温馨提示

在被担保的债权由债务人之外的第三人提供物的担保和人的担保的情况下，如果约定了偿还顺序，则按照约定实现债权；如果没有约定，债权人可以向任何一方提出偿还要求，以保证自身权益。

⏲ 自测小题

选择题：马某向银行贷款1000万元，以其自有房产和朋友常某的船舶作为抵押担保，同时又请了他的姐夫向某做保证人，均未就债权实现方式作出约定。贷款期限届满，马某未清偿债务，银行找到担保方和保证人实现债权。下列哪一项是正确的？（ ）[1]

A. 马某：我没钱，应当先找向某履行保证责任

B. 常某：应当先拍卖、变卖马某抵押的房产

C. 向某：我可以承担保证责任，但你们要把马某关进监狱

采取胁迫手段使保证人提供保证的，保证人需要承担保证责任吗？

▶ 案例实录

杨某准备筹资成立一家汽车维修配件销售公司。由于该行业

---

[1] 解答：B。

投资额较大,杨某的个人资金无法满足公司成立的条件,于是,杨某打算向某食品厂借款100万元。该厂要求杨某提供保证。杨某与张老板是同学,想让张老板作为保证人,却被其委婉地拒绝了。杨某觉得自己很没面子。后杨某得知,张老板的原料供应商是自己的亲戚董某,杨某便将张老板拒绝当保证人的事情告诉了董某。董某为了给杨某出气,威胁张老板如果不担保就断绝原料供给。张老板为了维持企业的正常运营,同意担保。那么,董某采取胁迫手段迫使张老板当保证人,张老板需要承担保证责任吗?

律师分析

本案中,杨某为了得到食品厂的借款需要保证人,同学张老板拒绝担保后,杨某的亲戚董某以胁迫的手段强迫张老板担保。根据《民法典》第一百五十条的规定,主合同债权人采取欺诈、胁迫等手段,使保证人在违背真实意思的情况下提供保证的,保证人有权请求人民法院或仲裁机构撤销担保行为。如此一来,受胁迫的保证人得到前述部门的支持后就不必承担保证责任。本案中,董某系采取胁迫手段迫使张老板当保证人,张老板可以向人民法院或仲裁机构提出撤销担保的主张。

由此可见,无论是个人还是企业,在为他人的贷款合同、购销合同等提供担保时,只有在真实意思下提供的担保才是合法有效的。

法条链接

《中华人民共和国民法典》

第一百五十条 一方或者第三人以胁迫手段,使对方在违背真实意思的情况下实施的民事法律行为,受胁迫方有权请求人民法院或者仲裁机构予以撤销。

温馨提示

法律面前人人平等,任何人不得以胁迫手段强迫他人从事违背自身真实意愿的事情。如果债权合同一方以非法手段逼迫他人提供保证,那么保证人可以请求人民法院或仲裁机构撤销担保行为,维护自己的合法权益。

自测小题

选择题:被胁迫签订保证合同的,该合同属于( )①。

A. 无效合同

B. 可撤销合同

债权人免除债务人的债务后还有权要求保证人偿还债务吗?

案例实录

小张与妻子打算开一家果蔬店,需要资金8万元,但是除去两人多年的积蓄还差3万元。小张开店的决心已定,称就算借钱也要自己当老板。于是,小张向朋友李某借了3万元,借款期限为一年。为了消除李某的担心,小张让姐姐作为自己的保证人在借款合同上签了字。开业一年来,果蔬店生意红火,小张几次要将欠款还给李某,李某都说不必还了,自己不缺钱,就当是支

---

① 解答:B。

持小张创业了。小张充满了感激。但是，不久前，李某找到了小张的姐姐要求其还钱，原因是自己遇到了难事又不好意思让小张还。那么，李某免除了小张的债务后还有权要求小张的姐姐偿还吗？

律师分析

保证人小张的姐姐无须承担还款责任。债权人主动拒绝债务人还款，应视为债权人对该项债务的免除，根据《民法典》第五百五十七条的规定，债权人免除债务的，其合同权利义务终止。也就是说，债务的免除使得主债权归于消灭。

另据《民法典》第三百九十三条的规定可知，主债权消灭后，担保物权也消灭。因此，本案中，李某对小张的主债权已因债务的免除而归于消灭，保证人的保证责任也随之消灭，小张的姐姐就不再是该笔债务的保证人，无须承担还款责任。

法条链接

《中华人民共和国民法典》

第三百九十三条　有下列情形之一的，担保物权消灭：

（一）主债权消灭；

（二）担保物权实现；

（三）债权人放弃担保物权；

（四）法律规定担保物权消灭的其他情形。

第五百五十七条　有下列情形之一的，债权债务终止：

……

（四）债权人免除债务；

第三章 保证

……

合同解除的，该合同的权利义务关系终止。

💡 温馨提示

债务人有按期还款的义务，在约定期限内债务人无力还款的，保证人有义务承担保证责任。但是，在债权人主动放弃债权的情况下，主债权已经因为债权人的免除而消灭了，债务关系解除，保证人也就不再有义务对债务承担责任了。

⏱ 自测小题

选择题：如果主债务合同无效，担保合同的效力是怎样的？（　　）①

A. 有效

B. 无效

C. 可撤销

什么是连带责任保证？

▶ 案例实录

王某打算开一家美甲店。由于没有太多的积蓄，为了实现自主创业的梦想，王某打算向朋友孙某借款 5 万元。孙某对王某的创业计划没有十足的信心，要求王某提供担保。王某向同学张某讲了自己的计划，张某表示支持，也没有仔细看合同就在连带保

---

① 解答：B。

47

证人后面签了字。到了约定的还款日期，王某没有钱还债，希望孙某宽限半年。孙某急需用这笔钱，于是声称既然王某无力偿还，那就应该由张某还钱，因为合同中明确约定了张某承担连带保证责任。张某不理解，自己只不过是个保证人，为什么要承担连带保证责任呢？那么，什么是连带保证责任呢？

律师分析

根据《民法典》第六百八十六条至第六百八十八条的规定，保证的方式有两种。一种是一般保证，当事人在保证合同中约定，债务人不能履行债务时，由保证人承担保证责任。一般保证的保证人在主合同纠纷未经审判或者仲裁，并就债务人财产依法强制执行仍不能履行债务前，对债权人可以拒绝承担保证责任。另一种是连带责任保证，债务人在主合同规定的债务履行期届满时没有履行债务的，债权人可以要求债务人履行债务，也可以要求连带责任保证人在其保证范围内承担保证责任。连带责任保证产生于当事人在保证合同中约定保证人和债务人对债务承担连带保证责任的情形。当事人对保证方式没有约定或者约定不明确的，按照连带责任保证承担保证责任。相比之下，连带责任保证方式的保证人的责任较重，但有利于保护债权人利益。如果在保证期间内，债权人依法向连带责任保证人请求承担保证责任，保证人不得拒绝。

本案中，张某以连带保证人的身份在借款合同上签了字，合同中也就保证方式做出了明确的约定。因此，张某应当承担连带保证责任，孙某在王某没有按时还款的情形下，可以要求张某履行还款义务。

第三章 保证

📋 法条链接

《中华人民共和国民法典》

第六百八十六条 保证的方式包括一般保证和连带责任保证。

当事人在保证合同中对保证方式没有约定或者约定不明确的，按照一般保证承担保证责任。

第六百八十八条 当事人在保证合同中约定保证人和债务人对债务承担连带责任的，为连带责任保证。

连带责任保证的债务人不履行到期债务或者发生当事人约定的情形时，债权人可以请求债务人履行债务，也可以请求保证人在其保证范围内承担保证责任。

💡 温馨提示

保证人在担保之前要明确自己的义务，债务人未按合同约定履行合同内容的，债权人有权要求保证人承担保证责任。我国法律规定了两种保证责任的承担方式，即一般保证和连带责任保证。由于连带责任保证的保证责任较重，保证人在签订担保协议时，一定要明确自己的保证责任承担方式，不能胡乱签字。

⏱ 自测小题

单选题：张某和秦某给江某做担保，约定了连带责任保证方式。债务履行期限届满之后，江某未履行还款义务，债权人想通过诉讼来解决。那么，他除了可以起诉江某，还可以将谁列为共同被告？（　　）①

---

① 解答：C。

49

A. 张某

B. 秦某

C. 张某和秦某

什么是反担保？

▷ 案例实录

小张已经大学毕业，但是一直没有找到合适的工作，于是萌生了自主创业的想法。小张学的专业是广告设计，根据对当地市场的考察，小张认为广告业在当地很有前途。筹备公司之初，小张的父母拿出了 20 万元，但是还有 10 万元的资金缺口。小张的同学李某将朋友刘某介绍给小张认识，刘某听了小张的创业计划后很感兴趣，答应借给小张 10 万元。李某以自己的私家车为其担保，三人约定如果小张未按期还款，则由李某承担还款责任。李某虽然签署了担保协议，但是觉得风险很大。李某听说可以让债务人提供反担保，但是他对于反担保一无所知。那么，什么是反担保？李某可以要求反担保吗？

↻ 律师分析

李某可以要求借款人小张向自己提供反担保。所谓反担保，是指第三人为债务人提供担保后，为确保自身财产权益不受减损，而要求债务人向第三人本人提供的担保。根据《民法典》第三百八十七条的规定，债权人在借贷、买卖等民事活动中，为保障实现其债权，需要担保的，可以依照该法和其他法律的规定设立担保物权。第三人为债务人向债权人提供担保的，可以要求债务人提供反担保。同时，该法第六百八十九条更是明确规定："保证人可以要求债务人提供反担保。"反担保人可以是债务人，也可以是债务人之外的其他人。由此可知，反担保的提供者并非仅包括债务人本人。

结合上述案例，李某作为借贷关系的第三人，在提供担保后，有权要求小张提供反担保。小张可以自己提供反担保，也可以请求他人向李某提供反担保。

法条链接

《中华人民共和国民法典》

第三百八十七条　债权人在借贷、买卖等民事活动中，为保障实现其债权，需要担保的，可以依照本法和其他法律的规定设立担保物权。

第三人为债务人向债权人提供担保的，可以要求债务人提供反担保。反担保适用本法和其他法律的规定。

第六百八十九条　保证人可以要求债务人提供反担保。

温馨提示

反担保是为了维护保证人的自身权益。保证人如果认为担保的风险较大，自身无法承担，可以提出反担保。反担保人可以是债务人，也可以是债务人以外的其他人。

自测小题

选择题：以下哪种情形属于反担保？（　　）[1]

---

[1] 解答：C。

A. 秋秋应约为明理公司的债务提供担保后,要求明理公司务必按期履行还款义务

B. 强某将自有高档汽车质押给林某,林某保证自己会妥善保管汽车

C. 宋某为周某提供保证后,让周某将其名下的门面抵押给自己作保

保证人与债权人之间的口头保证有效吗?

▶ 案例实录

王某加盟了一家馅饼连锁店,由于前期交纳加盟费用花光了王某的积蓄,导致租店面没有了资金。王某将创业计划告诉了他的同学刘某——一家网络公司的董事长。刘某认为王某看中的店面地理位置优越,而且馅饼需求市场大,销售量可观,于是口头答应作为王某的担保人。店面房东张某相信刘某的能力和眼光,同意王某一年后交付两年的房租,两人签订了合同。一年后,张某收取租金,但王某只交了一年的房租。张某找到了刘某,要求刘某交付剩余的租金,但是刘某认为自己只是口头担保,不具有法律效力。那么,保证人与债权人之间的口头保证有效吗?

↻ 律师分析

《民法典》第六百八十五条规定:"保证合同可以是单独订立的书面合同,也可以是主债权债务合同中的保证条款。第三人单

方以书面形式向债权人作出保证，债权人接收且未提出异议的，保证合同成立。"可见，保证合同应当是书面形式的。本案中，刘某只是口头表示担保，并没有和房东张某订立书面的保证合同，其担保是没有法律效力的。王某没有按合同约定交付房租，房东张某只能要求王某承担责任。

现实中，保证合同作为从属性、补充性合同，应当包括被保证的主债权种类、数额，债务人履行债务的期限，保证的方式，保证担保的范围，保证的期间，双方认为需要约定的其他事项等多种内容。债权人为确保合同权益，就要与担保方签订书面的担保合同，仅是口头的保证承诺是没有法律效力的。

法条链接

《中华人民共和国民法典》

第六百八十四条　保证合同的内容一般包括被保证的主债权的种类、数额，债务人履行债务的期限，保证的方式、范围和期间等条款。

第六百八十五条　保证合同可以是单独订立的书面合同，也可以是主债权债务合同中的保证条款。

第三人单方以书面形式向债权人作出保证，债权人接收且未提出异议的，保证合同成立。

温馨提示

债权人与保证人需要就担保事项签订书面合同，保证人的口头保证不具备法律效力。为了避免债务关系纠纷，保证合同应包括法律规定的相关内容，以维护债权人的正当权益。

自测小题

选择题：以下哪种方式，可以成立有效的保证合同？（　　）[①]

A. 高某贷款，其妻子事后向债权人出具保证书，承诺愿意承担连带责任保证，债权人未拒绝

B. 高某贷款，其妻子在贷款合同中的"共同借款人"处签字，但该笔贷款实际上是由高某个人使用

C. 高某贷款后死亡，其儿子表示愿意替父亲清偿债务

两个以上的保证人对同一债务提供担保的，如何承担保证责任？

案例实录

几年前，某网络游戏有限公司成立。经过不懈创新与努力，该公司开发的多款游戏都受到了广泛好评，业绩逐年提升。公司决定加大资金投入，继续开发新产品。新游戏的研发需要聘请高技术人才，引进先进的设备，这些都需要资金的支持。为了保证充足的资金注入，该公司向银行贷款，银行要求提供担保。该游戏公司向银行提供了两家上市公司的董事长张某和李某作为保证人。该公司与银行签订了贷款合同，并与两名保证人都签订了保证合同，但保证合同中没有规定保证的份额。那么，如果该游戏公司未按期还贷，这两名保证人对该公司的债务应如何承担保证责任呢？

[①] 解答：A。

律师分析

根据《民法典》第六百九十九条的规定，同一债务有两个以上保证人，没有约定保证份额的，保证人承担连带责任，债权人可以要求任何一个保证人在其保证范围内承担保证责任。本案中，由于在保证合同中没有约定保证份额，应当视为两个保证人，即张某和李某承担连带保证责任。一旦该游戏公司不按约定偿还贷款，银行可以要求任何一个保证人在其保证范围内承担还贷责任。根据《民法典》第七百条的规定，保证人偿还债务后，可以向该游戏公司追偿。

法条链接

《中华人民共和国民法典》

第六百九十九条 同一债务有两个以上保证人的，保证人应当按照保证合同约定的保证份额，承担保证责任；没有约定保证份额的，债权人可以请求任何一个保证人在其保证范围内承担保证责任。

第七百条 保证人承担保证责任后，除当事人另有约定外，有权在其承担保证责任的范围内向债务人追偿，享有债权人对债务人的权利，但是不得损害债权人的利益。

温馨提示

保证人在担保之前要签订保证合同，一方面用以维护债权人的权益，另一方面也有利于维护保证人的利益。保证合同中应该对担保份额进行约定，没有约定的，保证人在承担保证责任时应当平均分配。但是，债权人有权要求任何一个保证人承担全部保证责任,每一个保证人都负有担保全部债权实现的义务。

自测小题

选择题:根据现行法的规定,连带责任人的责任份额如何确定?（ ）①

A. 当事人约定优先

B. 根据各自责任大小确定

C. 无法确定责任大小的,平均承担责任

只在主合同上签字,未签订保证合同,保证人需承担责任吗?

案例实录

小刘想买车,由于刚参加工作不久,积蓄不够,于是向同事王某借款3万元,借款期限为一年。为了减轻王某的疑虑,小刘找到了朋友赵某当保证人。赵某支持小刘买车,同意作为他的借款保证人,并在小刘和王某的借款合同上的保证人处签上了自己的名字,但并没有对保证方式作出明确的说明。一年后,小刘没有足够的钱还款,无奈之下,王某找到了保证人赵某,要求赵某偿还借款。赵某以未签保证合同为由拒绝承担还款责任。那么,赵某需要承担保证责任吗?

律师分析

王某可以请求小刘或者赵某中的任何一人偿还借款。根据

---

① 解答:ABC。

《民法典》第六百八十五条的规定，保证合同可以是单独订立的书面合同，也可以是主债权债务合同中的保证条款。如第三人单方以书面形式向债权人作出保证，债权人接收且未提出异议的，保证合同也可以成立。需要注意的是，是否成立保证合同，主要是看保证人是否有担保债权实现的明确意思表示。一般而言，主合同虽然没有保证条款，但是保证人明确作出保证的意思表示，并在主合同上以保证人身份签字或者盖章的，可以认为其存在为债务人提供保证的意思表示，保证合同成立。本案中，小刘虽然没有和赵某签订保证合同，但是赵某以保证人身份在借款合同上签了字，应当认定担保成立，赵某应当承担保证责任，且由于未约定保证方式，应认定为一般责任保证，王某只有在通过起诉或者仲裁途径要求小刘还款且未果的情况下，才能请求赵某承担保证责任。

法条链接

《中华人民共和国民法典》

第六百八十五条　保证合同可以是单独订立的书面合同，也可以是主债权债务合同中的保证条款。

第三人单方以书面形式向债权人作出保证，债权人接收且未提出异议的，保证合同成立。

第六百八十六条　保证的方式包括一般保证和连带责任保证。

当事人在保证合同中对保证方式没有约定或者约定不明确的，按照一般保证承担保证责任。

温馨提示

为了明确债权人、债务人和保证人的权利义务，在债权关系确定之前要签订书面的借款合同和保证合同。如果没有签订保证合同，但保证人明确存在保证意思，主合同又能体现该意思的，可以认为在主合同上的保证人签字具有同样的法律效力，保证人对此仍应承担保证责任。

自测小题

选择题：出现以下哪些情形，保证人不必承担保证责任？（　　）①

A. 一般保证的债权人未在保证期间对债务人提起诉讼或者申请仲裁

B. 连带责任保证的债权人未在保证期间请求保证人承担保证责任

C. 保证人与债权人约定禁止债权转让，但债权人未经保证人书面同意转让了债权

---

① 解答：ABC。

第四章

一般抵押担保

财产存在继承纠纷，这样的财产能抵押吗？

▷ 案例实录

王某的父亲因车祸去世，留下一笔赔偿金和一处房产，未留遗嘱。王某认为自己虽已出嫁，但比弟弟尽孝多，就想和弟弟平分父亲的遗产。但王某的弟弟不同意，他认为自己是父亲唯一的儿子，是给家里"传香火"的人，父亲的遗产应该全部归自己所有。协商未果，王某向人民法院提起诉讼，请求进行遗产分割。正在此时，王某的生意出现了资金周转困难，王某想用父亲留下来的房产作为抵押进行贷款。那么，王某可以将处于继承纠纷中的财产进行抵押吗？

◯ 律师分析

本案中，遗产继承从王某的父亲死亡时开始。因为王某的父亲是意外身故，去世前并没有留下遗嘱，按照法律的相关规定，没有遗嘱的按照法定继承处理，王某和她的弟弟均是第一顺序的法定继承人。各继承人可以协商遗产分割事宜，协商不成可以向法院起诉。本案中，王某和她的弟弟不能协商一致，故向法院起诉。此时，王某父亲遗留的房产正处于继承纠纷中，根据《民法典》第三百九十九条的规定，所有权、使用权不明或者有争议的财产不得抵押。因此，王某父亲遗留的房产属于有争议的财产，是不能用于抵押的。

法条链接

《中华人民共和国民法典》

第三百九十九条　下列财产不得抵押：

……

（四）所有权、使用权不明或者有争议的财产；

……

温馨提示

在日常生活中，遗产的继承过程中往往会产生很多纠纷，在纠纷尚未解决前，遗产的所有权是有争议的，此时如果用这样的遗产进行抵押，会增加债权人的风险。所以，我国法律不允许对有继承纠纷的财产进行抵押。

自测小题

选择题：某房屋正处于夫妻离婚财产纠纷中，夫妻二人都想要房子，那么，该房屋可以被抵押吗？（　　）[1]

A. 可以

B. 不可以

---

[1] 解答：B。

半成品可以用来抵押吗？

▷ 案例实录

某电缆桥架厂多年来经营效益一直很好，为了扩大再生产，该电缆桥架厂兴建了 C 车间，又给该车间配置了一些基本的生产设备。车间正式投入使用后，该厂的生产量大幅提升，但出现了资金周转不灵的情况。为了保证企业的正常运转，该厂想以 C 车间内部的生产设备和尚未加工完成的部分电缆桥架作为抵押物，向银行贷款 30 万元。那么，该厂的贷款申请能够审核通过吗？半成品可以用来抵押吗？

◯ 律师分析

目前在加工制造企业的经济活动中，以半成品作为抵押物而挽回生产困境的情况越来越多。对此，《民法典》第三百九十五条明确规定，债务人或者第三人有权处分的生产设备、原材料、半成品、产品，可以抵押。同时该法第四百零三条还规定，该种抵押物的抵押权自抵押合同生效时设立；未经登记，不得对抗善意第三人。也就是说，只要当事人签订抵押合同，该抵押权就随着抵押合同的生效而设立。本案中，该厂用半成品来抵押的做法是可行的，半成品可以用来抵押，只要符合条件，贷款申请可以审核通过。

◯ 法条链接

《中华人民共和国民法典》

第三百九十五条 债务人或者第三人有权处分的下列财产可以抵押：

（一）建筑物和其他土地附着物；

（二）建设用地使用权；

（三）海域使用权；

（四）生产设备、原材料、半成品、产品；

（五）正在建造的建筑物、船舶、航空器；

（六）交通运输工具；

（七）法律、行政法规未禁止抵押的其他财产。

抵押人可以将前款所列财产一并抵押。

第四百零三条　以动产抵押的，抵押权自抵押合同生效时设立；未经登记，不得对抗善意第三人。

💡 温馨提示

虽然半成品并不像成品一样能够直接使用，但因为购买制作半成品的原材料及其他成本都需要企业付出一定的资金，所以，即使是半成品也有它的价值，也能够以货币的形式表现出来，这是半成品可以进行抵押的根本原因。在日常生活中，企业难免会遇到周转不灵的情况，半成品能够抵押贷款为企业的资金来源提供了多一重的保障。

⏱ 自测小题

选择题：杨某将自家小厂的半成品布料抵押给债权人，债务到期后，杨某一方未清偿债务，债权人可以直接搬走该批半成品布料吗？（　）[1]

---

[1] 解答：B。

A. 可以，杨某未履行还款义务，抵押物直接归抵押权人所有

B. 不可以，债权人只能就该批布料的价值优先受偿

C. 除非事先约定了债权人在债未能实现时可以直接获得抵押物的所有权，否则其不可以直接搬走该批半成品布料

乡镇企业的厂房如进行抵押有什么特殊规定吗？

案例实录

某建材厂是某市的一家乡镇企业，该厂因生产经营不善连年亏损。某日，厂领导收到上级领导的指示，对企业进行改革：引进新的生产技术，提高生产率和产品质量，严格市场管理，加强对市场的监控，等等。为了能够顺利完成改革，使企业扭亏为盈，该厂决定引进一条价值 200 万元的生产线，但以企业目前的经营状况是无法支付这笔费用的，于是该厂向银行提出了贷款申请，并以厂房作为抵押物。信贷员在审查贷款抵押材料时产生了疑问，该企业作为乡镇企业，其厂房作为抵押物时，是否按照一般物的抵押规定进行办理就可以了呢？

律师分析

该乡镇企业厂房的抵押应按照法律的专门规定进行。所谓乡镇企业，是指以农村集体经济组织或农民投资为主，在乡镇（包括所辖村）设立的承担支援农业义务的各类企业。根据《民法典》第三百九十八条的规定，乡镇、村企业的建设用地使用权不得单独抵押。以乡镇、村企业的厂房等建筑物抵押的，其占用范

围内的建设用地使用权一并抵押。也就是说，乡镇企业的建筑物不能单独抵押。结合上述案例，该建材厂在办理贷款抵押手续时，应将厂房及厂房占用范围内的建设用地使用权一并设立抵押。

法条链接

《中华人民共和国乡镇企业法》

第二条　本法所称乡镇企业，是指农村集体经济组织或者农民投资为主，在乡镇（包括所辖村）举办的承担支援农业义务的各类企业。

前款所称投资为主，是指农村集体经济组织或者农民投资超过百分之五十，或者虽不足百分之五十，但能起到控股或者实际支配作用。

乡镇企业符合企业法人条件的，依法取得企业法人资格。

《中华人民共和国民法典》

第三百九十八条　乡镇、村企业的建设用地使用权不得单独抵押。以乡镇、村企业的厂房等建筑物抵押的，其占用范围内的建设用地使用权一并抵押。

温馨提示

在我国，抵押贷款的情况有两种：一般物的抵押和特殊抵押。对于前者，我们可以根据《民法典》的一般规定来考虑，但对于特殊情况下的抵押要参考法律的专门规定。乡镇企业作为集体企业，在企业性质上具有特殊性，乡镇企业如果想用厂房进行抵押贷款，必须遵守国家关于乡镇企业抵押贷款的相应规定，将厂房和该厂房占用范围内的建设用地使用权一并抵押。

第四章 一般抵押担保

⏱ 自测小题

判断题：以建筑物作抵押的，该建筑物占用范围内的建设用地使用权并不当然一并抵押。该说法是否正确？（　　）①

承包的土地可以抵押吗？

▶ 案例实录

家住小张各庄的村民张某是村里的种粮能手。在一次村集体会议上，村主任主持商讨开发村南荒地问题，张某以高价成功取得该片荒地的土地承包经营权。两年后，经过土地承包经营权的合法流转，张某的农业种植面积不断扩大。为了提高生产效率，他决定购买一批农用机械。为筹集资金，张某向银行借款20万元，并将两年前他通过公开协商方式取得的荒地承包经营权抵押给银行。那么，此种承包地可以抵押吗？

🔄 律师分析

张某取得的荒地承包经营权可以依法抵押。根据《民法典》第三百四十二条的规定，通过招标、拍卖、公开协商等方式承包农村土地，经依法登记取得权属证书的土地经营权可以抵押。所以，张某以荒地承包经营权作为抵押物是合法有效的。

值得注意的是，土地作为国家、集体所有的财产，法律对其处分作了一定限制。如《民法典》第三百九十九条规定，土地所

---

① 解答：错误。

有权不得抵押；宅基地、自留地、自留山等集体所有的土地使用权，除法律规定可以抵押的，不得抵押。因此，土地的使用权是否能够抵押，要依据取得方式的不同加以区分。

法条链接

《中华人民共和国民法典》

第三百四十二条　通过招标、拍卖、公开协商等方式承包农村土地，经依法登记取得权属证书的，可以依法采取出租、入股、抵押或者其他方式流转土地经营权。

第三百九十五条　债务人或者第三人有权处分的下列财产可以抵押：

（一）建筑物和其他土地附着物；

（二）建设用地使用权；

（三）海域使用权；

（四）生产设备、原材料、半成品、产品；

（五）正在建造的建筑物、船舶、航空器；

（六）交通运输工具；

（七）法律、行政法规未禁止抵押的其他财产。

抵押人可以将前款所列财产一并抵押。

第三百九十九条　下列财产不得抵押：

（一）土地所有权；

（二）宅基地、自留地、自留山等集体所有土地的使用权，但是法律规定可以抵押的除外；

（三）学校、幼儿园、医疗机构等为公益目的成立的非营利

法人的教育设施、医疗卫生设施和其他公益设施;

(四) 所有权、使用权不明或者有争议的财产;

(五) 依法被查封、扣押、监管的财产;

(六) 法律、行政法规规定不得抵押的其他财产。

温馨提示

土地所有权是不允许进行抵押的,但是,为了提高土地资源的利用率,《民法典》规定土地承包经营权可以抵押。在日常生活中,我们如果遇到抵押农村土地承包经营权的情况,首先要考虑该土地承包经营权的取得方式,如不是通过《民法典》第三百四十二条所列的招标、拍卖、公开协商等方式取得的土地承包经营权,则该土地承包经营权不能抵押。

自测小题

选择题:通过下列哪些渠道获得的农村土地承包经营权可以用于抵押?( )[1]

A. 招标

B. 拍卖

C. 公开协商

D. 家庭联产承包责任制分配

---

[1] 解答:ABC。

自留山等集体土地可以用来抵押吗?

案例实录

赵村村民委员会为响应国家建设社会主义新农村的号召,决定为本村增添一些基础设施,以美化乡村环境,提高人们的生活质量。但村里的钱并不够用,不足的部分该怎么办呢?想来想去,大家决定将该村的一片自留山的所有权作为抵押,向银行贷款。因为那片自留山暂时搁置不用,即使用来抵押贷款也不会影响村里正常生产经营活动的开展。既然自留山是属于该村农民集体所有的财产,那么该村村民委员会可以用该自留山作为抵押吗?

律师分析

该村集体的自留山属于该村农民集体所有,如果允许将该自留山用于抵押,那么实现抵押权后,会导致该自留山所有权权属的改变,从而违反《宪法》第十条第二款"农村和城市郊区的土地,除由法律规定属于国家所有的以外,属于集体所有;宅基地和自留地、自留山,也属于集体所有",以及该条第四款"任何组织或者个人不得侵占、买卖或者以其他形式非法转让土地"的规定。同时,违反《民法典》第三百九十九条土地所有权不得抵押的规定。所以,该村集体所有的自留山不可以作为抵押财产。

法条链接

《宪法》

第十条第二款 农村和城市郊区的土地,除由法律规定属于国家所有的以外，属于集体所有；宅基地和自留地、自留山，也属于集体所有。

第四款　任何组织或者个人不得侵占、买卖或者以其他形式非法转让土地。土地的使用权可以依照法律的规定转让。

《中华人民共和国民法典》

第三百九十九条　下列财产不得抵押：

（一）土地所有权；

（二）宅基地、自留地、自留山等集体所有土地的使用权，但是法律规定可以抵押的除外；

……

温馨提示

有人说，既然自留山是集体的财产，只要集体组织的每一个人都同意，不就可以抵押贷款了吗？其实不然，集体财产涉及财产性质的问题，如果改变了财产的所有权，财产的性质就会发生变化。国家规定财产的性质为集体所有是为了保障集体中每一个人员的利益，如果财产的性质改变了，那么集体的利益该由什么来保障呢？所以，我国不允许将集体所有的财产进行抵押，除非有法律特殊规定。

自测小题

选择题：以下哪些土地属于集体所有？（　　）[①]

A. 宅基地

[①] 解答：ABC。

B. 自留地、自留山

C. 没有特别明确所有权的城市郊区的土地

建设用地的使用权能够用来抵押吗?

▷ 案例实录

张某和李某准备合伙开一家房地产公司。前期准备就绪后,两人共同出资购买了一块建设用地,可是一栋楼还没盖完他们就出现了资金短缺问题。为了筹备资金,两人商议用该建设用地的使用权作为抵押向银行贷款。经过协商后,张某、李某和银行签订了贷款协议,约定贷款金额为人民币500万元整,还款日期为2021年1月1日,担保方式为抵押担保,即以张某和李某已经取得的该建设用地使用权作抵押。那么,该建设用地的使用权可以抵押吗?如可以抵押,又该如何抵押呢?

↻ 律师分析

该公司的建设用地使用权可以抵押。根据《民法典》第三百九十五条的规定,债务人或者第三人有权处分的建设用地使用权可以抵押。但需要注意的是,该法第三百九十七条规定,以建设用地使用权抵押的,该土地上的建筑物一并抵押。抵押人未按规定一并抵押的,未抵押的财产视为一并抵押。因此,张某和李某正在开发的土地上的建筑物也因建设用地使用权的抵押而被视为一并抵押,该抵押权自登记时起设立。

第四章 一般抵押担保

🔩 法条链接

《中华人民共和国民法典》

第三百九十五条 债务人或者第三人有权处分的下列财产可以抵押：

（一）建筑物和其他土地附着物；

（二）建设用地使用权；

……

（五）正在建造的建筑物、船舶、航空器；

……

第三百九十七条 以建筑物抵押的，该建筑物占用范围内的建设用地使用权一并抵押。以建设用地使用权抵押的，该土地上的建筑物一并抵押。

抵押人未依据前款规定一并抵押的，未抵押的财产视为一并抵押。

第四百零二条 以本法第三百九十五条第一款第一项至第三项规定的财产或者第五项规定的正在建造的建筑物抵押的，应当办理抵押登记。抵押权自登记时设立。

💡 温馨提示

法律允许以建设用地使用权进行抵押的规定，方便了企业和个人的投资和筹资活动，活跃了市场。当然，为了保障债权人的合法利益，我国法律也规定，如将建设用地使用权进行抵押，应将该土地上的建筑物一并抵押。

自测小题

选择题：把在建的小楼房抵押给债权人，需要办理抵押登记吗？如果没办理登记手续，抵押权还能设立吗？（　）[1]

A. 需要办理抵押登记，否则抵押权无法设立

B. 不需要办理抵押登记，抵押权也可以设立

C. 不需要办理抵押登记，如果有书面的抵押合同，抵押权也可以设立

尚未完工的工程可以进行抵押吗？

案例实录

某房地产公司为提高经济效益，决定在某市区购买一块土地用来兴建一个大型游乐场。一切准备就绪后，工程如期动工，但就在工程即将竣工时，房地产公司内部出现了一些问题，致使资金紧缺，公司拿不出足够的钱来购买游乐设施。为了保证游乐场能够如期完工，该房地产公司决定用即将竣工的游乐场作为抵押向游乐设备出售方借款，等到游乐场正常运转后再还款。游乐设备的出售方担心尚未竣工的工程不能作为抵押财产，所以特意去相关部门进行了咨询。工作人员称，马上竣工的工程可以作为抵押物进行抵押。最终双方签订了抵押合同，并进行了登记。那么，将要竣工的工程在法律上可以抵押吗？

---

[1] 解答：A。

律师分析

抵押是指债务人或者第三人不转移对财产的占有权,而将该财产抵押作为债权的担保,当债务人不履行到期债务时,债权人有权依法对抵押财产折价或拍卖、变卖抵押财产的价款优先受偿。抵押是对合同进行的担保,设立抵押权是对合同当事人合法权益的保护。根据《民法典》第三百九十五条、第四百零二条的规定,正在建造的建筑物、船舶、航空器可以抵押。以正在建造中的建筑物作为抵押的,应当办理抵押登记。抵押权自登记时设立。本案例中,房地产公司以即将竣工的工程作为抵押,并办理了抵押登记,应当认定该抵押是合法有效的。如果房地产公司没有按约定向游乐设施的出售方支付欠款,游乐设施的出售方可以根据抵押合同对该即将竣工的工程主张权利。

法条链接

《中华人民共和国民法典》

第三百九十五条 债务人或者第三人有权处分的下列财产可以抵押:

……

(五)正在建造的建筑物、船舶、航空器;

……

第四百零二条 以本法第三百九十五条第一款第一项至第三项规定的财产或者第五项规定的正在建造的建筑物抵押的,应当办理抵押登记。抵押权自登记时设立。

温馨提示

案例中的房地产公司在游乐场即将竣工时出现了资金问题，无奈之下将未竣工的工程作为抵押才保证了该项工程的顺利完工。法律规定正在建造的建筑物可以抵押，方便了企业及时获得资金，为企业的生产活动提供了多一重保障。由此，我们可以得知，不仅仅是房地产，其他类型的企业在特殊情况下，如遇资金问题，也可以将正在建设的工程作为抵押，以解决燃眉之急。

自测小题

选择题：抵押正在建造的船舶是否需要办理抵押登记？如果不办理抵押登记，将产生什么法律后果？（　）[1]

A. 需要办理抵押登记，否则抵押权无法设立

B. 需要办理抵押登记，否则抵押合同不生效

C. 可以不办理抵押登记，设立的抵押权不能对抗第三人

生产设备作为抵押财产时，该企业可以将其转让吗？

案例实录

甲公司是一家国有控股公司，因资金周转不灵，将自己的生产设备作为抵押财产，从某银行申请了50万元的贷款。后因经营不善导致连年亏损，无奈之下，甲公司打算放弃该生产线。随后，甲公司将抵押的生产设备卖给了乙公司用于生产经营，并刻意隐瞒了该生产设备已经进行了抵押的事实。乙公司在和甲公司签订

---

[1] 解答：C。

了买卖合同后,便向甲公司一次性支付了所有的货款,甲公司向乙公司交付了设备。后来甲公司不能按期向银行还款,银行要拍卖抵押的生产设备时,被乙公司拒绝。那么,银行可以拍卖甲公司抵押的生产设备吗?

律师分析

企业可以将自己的生产设备作为抵押财产设定抵押。设定抵押后,由于企业仍然是该财产的所有人,因此原则上可以将生产设备出卖转让。根据《民法典》第四百零四条的规定可知,以生产设备等动产作为抵押物的,不得对抗正常经营活动中已经支付合理价款并取得抵押财产的买受人。本案中,甲公司的生产设备虽然设定了抵押,但是乙公司并不知情,并且乙公司是为正常生产经营目的购买的,支付了合理的价款。因此,银行的抵押权不得对抗乙公司,银行不能拍卖这批生产设备。

法条链接

《中华人民共和国民法典》

第三百九十六条 企业、个体工商户、农业生产经营者可以将现有的以及将有的生产设备、原材料、半成品、产品抵押,债务人不履行到期债务或者发生当事人约定的实现抵押权的情形,债权人有权就抵押财产确定时的动产优先受偿。

第四百零四条 以动产抵押的,不得对抗正常经营活动中已经支付合理价款并取得抵押财产的买受人。

温馨提示

在一般情况下,我国法律主张物权优先于债权,而抵押权属于担保物权。所以，当财产被抵押时，相应债权人会优先于其他债权人受偿。但在本案中，为什么银行无权对该生产设备进行拍卖呢？这是因为甲公司将该生产设备卖给乙公司后，乙公司如约支付了货款，交易已经完成。该设备的所有权已经发生了转移，即该设备不再是甲公司的财产了，故银行无权拍卖该生产设备。

自测小题

判断题：抵押期间，抵押人一律不得出让、出租抵押物。这个说法正确吗？（　　）[1]

经营者以自己的生产设备作为抵押的，需要办理相关登记吗？

案例实录

近几年，某化肥厂经济效益一直在上升，于是厂长决定将化肥厂在原来的基础上进行扩建。一年前，工厂的扩建工程开工，快要完工时，化肥厂的资金出现紧缺。厂长决定先以生产设备作为抵押，向银行贷款。双方经过协商，达成了一致意见，并签订了合同。那么，化肥厂用来抵押的生产设备需要办理登记吗？

律师分析

《民法典》第三百九十六条规定："企业、个体工商户、农业生产经营者可以将现有的以及将有的生产设备、原材料、半成品、产品抵押，债务人不履行到期债务或者发生当事人约定的实现抵

---

[1] 解答：错误。

押权的情形，债权人有权就抵押财产确定时的动产优先受偿。"因此，该化肥厂可以将自己现有的生产设备抵押。根据《民法典》第四百零三条的规定，以动产抵押的，抵押权自抵押合同生效时设立；未经登记，不得对抗善意第三人。因此，该化肥厂最好在其住所地的市场监管局办理登记，如果不办理登记的话，尽管抵押权仍然依双方当事人的书面协议生效设立，但是不能对抗善意的第三人。

法条链接

《中华人民共和国民法典》

第三百九十六条 企业、个体工商户、农业生产经营者可以将现有的以及将有的生产设备、原材料、半成品、产品抵押，债务人不履行到期债务或者发生当事人约定的实现抵押权的情形，债权人有权就抵押财产确定时的动产优先受偿。

第四百零三条 以动产抵押的，抵押权自抵押合同生效时设立；未经登记，不得对抗善意第三人。

温馨提示

案例中的情况属于"动产浮动抵押"。抵押权的设立时间，动产和不动产是不同的。不动产抵押权自登记时设立，动产抵押权自抵押合同生效时设立。但是，法律规定，动产浮动抵押如果不登记，虽然不影响抵押权的成立，但是不得对抗善意第三人，即以合理价款购买抵押物的不知情的买受人。因此，为了保证债权实现，在这些特殊的动产上设定抵押时，最好到相关部门办理登记手续。

自测小题

选择题:钟某向钱某借款时将自己的小汽车抵押给了钱某。双方签订了抵押合同,但是没有办理抵押登记。后来,钟某通过二手车转卖平台将汽车转让给了邱某。钱某发现后,找到邱某主张实现抵押权。钱某可以追回汽车并实现抵押权吗?( )[①]

A. 可以,钱某追回汽车后,不管债务是否到期,都可以就汽车的价值优先受偿

B. 可以,钱某追回汽车后,邱某可以要求钟某承担违约责任

C. 不可以,动产抵押不能对抗正常经营活动中已经支付合理价款并取得抵押财产的买受人

宅基地可以抵押吗?

案例实录

王某的儿子考上了当地的一所大学,王某既高兴又苦恼,高兴的是儿子考上了大学,苦恼的是没钱给儿子交学费。他想来想去,决定用自家宅基地的使用权作为抵押向银行贷款。但是,王某申请时遭到了银行的拒绝。那么,宅基地使用权可以抵押吗?

律师分析

王某所占用的宅基地的所有权归村集体所有,王某只享有宅

[①] 解答:C。

基地的使用权。根据《民法典》第三百六十三条的规定，宅基地使用权的取得、行使和转让，适用土地管理法的法律和国家有关规定。因此，王某有权依法行使自己的宅基地使用权。但是，该法第三百九十九条同时规定，除非法律另有规定，宅基地等集体所有土地的使用权不得抵押。据此，王某不得将自己的宅基地使用权向银行抵押。

法条链接

《中华人民共和国民法典》

第三百六十三条　宅基地使用权的取得、行使和转让，适用土地管理的法律和国家有关规定。

第三百九十九条　下列财产不得抵押：

（一）土地所有权；

（二）宅基地、自留地、自留山等集体所有土地的使用权，但是法律规定可以抵押的除外；

……

温馨提示

农民享有农村宅基地的使用权，其可以根据自己的需要和法律的相关规定建造房屋、出租房屋，但无权将宅基地的使用权进行抵押。在日常生活中，很多人都认为家是自己的，自己说了算，无论买卖还是租赁都不应受限制。但实际上这种想法是不对的。土地所有权归国家、集体所有，其流通受到一定限制，个人无权随意处分。

自测小题

判断题：因为宅基地使用权不能抵押，因此，宅基地上的房屋也不能抵押。（　）[1]

依法被扣押的货物还可以抵押吗？

案例实录

某钢厂专门从事钢筋的生产工作。因为业务量较大，为节约成本，该钢厂建立了自己的车队，专门用于为本单位送货。在一次送货途中，由于司机操作不慎，发生了车祸，造成一死两伤的局面。当地公安交警大队立即扣押了该车辆及车上的钢筋。因为此案情况复杂，涉及人员较多，所以很久都没有解决。该钢厂为了不影响正常的运输工作，决定另购两辆新车作为运输工具。由于资金不足，钢厂想以被扣押的车辆和钢筋作为抵押进行贷款。那么，被依法扣押的货物还可以抵押吗？

律师分析

根据《民法典》第三百九十九条的规定，依法被查封、扣押、监管的财产不得抵押。本案中，该钢厂的运输车辆和钢筋是被公安交警大队依法扣押的，因而不能在该被扣押的财产上设定抵押。法律之所以规定被扣押的财产不能再用于抵押，是为了保护债权人的合法利益和交易的安全。抵押人在进行抵押时，应该遵从这

---

[1] 解答：正确。

第四章 一般抵押担保

一规定。

法条链接

《中华人民共和国民法典》

第三百九十九条 下列财产不得抵押：

……

（五）依法被查封、扣押、监管的财产；

……

温馨提示

被依法扣押的货物，在该货物的所有者尚未能处理好与该扣押货物有关的问题时，受偿人或者有权利处理该扣押货物的人可依法对该批货物主张权利。此时，如果将该扣押中的货物进行抵押，那么就不能够保证抵押权人的合法利益和交易安全。因此，我们在从事借贷活动时一定要注意被抵押货物的现实状态，以免利益受损。

自测小题

选择题：某公司欲向银行借款，银行要求其提供抵押担保，以下哪些财产不可以作为抵押物？（ ）[1]

A. 工厂中的半成品

B. 该公司旗下私立医院的医疗设备

C. 该公司已被法院查封的房屋

---

[1] 解答：C。

在建设用地上设立抵押后，该地块上新增加的建筑物属于抵押财产吗？

案例实录

某房地产公司因资金周转不灵，想向银行贷款1000万元。应银行要求，某房地产公司以其正在开发土地的建设用地使用权进行了抵押。抵押时，该建设用地上已经有两座楼房，抵押之后，某房地产公司继续对该建设用地进行开发，先后在该地新盖了三座大楼。后因某房地产公司不能按期还款，银行将该建设用地的使用权连同五座大楼一并拍卖，但是双方就五座大楼拍卖所得的价款能否由银行优先受偿的问题争执不下。银行主张优先受偿，因为银行享有该五座大楼的抵押权。而某房地产公司则认为，进行抵押时，该土地上只有两座大楼，银行只能对这两座大楼优先受偿。那么，建设用地被抵押后，该地块上新增加的建筑物属于抵押财产吗？银行到底对几座大楼享有优先受偿权？

律师分析

五座楼房中有两座楼房是在设立抵押权时就存在的，剩下的三座楼房是在设立抵押权后建起来的。对于这两种不同的情况，法律有不同的规定。《民法典》第三百九十七条第一款规定，以建设用地使用权抵押的，该土地上的建筑物一并抵押。本案中，双方设立抵押权时就存在的两座楼房要和建设用地使用权一并抵押，因此就该两座楼房拍卖所得的价款，银行可以优先受偿。但是，《民法典》第四百一十七条还规定，建设用地使用权抵押后，该土地上新增的建筑物不属于抵押财产。因此，后建立起来的三座大楼不可以作为抵押财产，就该楼房拍卖所得的价款，银行不能优先受偿。综上所述，银行只能对设定抵押登记时已存在的那两座大楼优先受偿。

法条链接

《中华人民共和国民法典》

第三百九十七条第一款　以建筑物抵押的，该建筑物占用范围内的建设用地使用权一并抵押。以建设用地使用权抵押的，该土地上的建筑物一并抵押。

第四百一十七条　建设用地使用权抵押后，该土地上新增的建筑物不属于抵押财产。该建设用地使用权实现抵押权时，应当将该土地上新增的建筑物与建设用地使用权一并处分。但是，新增建筑物所得的价款，抵押权人无权优先受偿。

温馨提示

以建设用地使用权进行抵押，抵押权人可以对该公司抵押的建设用地使用权及该建设用地附属的建筑物主张权利，并且，该抵押权所涉及的抵押财产仅限于抵押合同签订时所约定的财产，在抵押合同成立后，抵押财产之上的增值部分，不属于抵押范围。

自测小题

选择题：甲公司拟以某建设用地使用权作为抵押担保向银行贷款，以下哪种说法是正确的？（　　）[1]

---

[1] 解答：C。

A. 建设用地使用权涉及面广，甲公司不得将其作为抵押财产

B. 甲公司抵押建设用地之后，不得在该块地皮上新增建筑物

C. 甲公司抵押建设用地之后，可以在该块地皮上新增建筑物，且新增建筑物不是抵押财产

抵押可以口头约定吗？抵押合同一般都规定些什么？

案例实录

金某和李某合伙开办了一家五金企业，后来因为业务需要，金某和李某决定将企业迁到离工厂近一些的地方。但是迁徙确实需要很大一笔费用。金某和李某商量后打算向与他们关系还不错的林某借一笔钱。林某同意借钱，但为了安全起见，双方口头约定，为了确保按时还款，用五金企业的五辆货车作抵押。那么，双方的口头约定有效吗？抵押需要签订书面合同吗？合同需要约定哪些内容？

律师分析

《民法典》第四百条明确规定，设立抵押权，当事人应当采取书面形式订立抵押合同。抵押合同一般包括下列条款：（一）被担保债权的种类和数额；（二）债务人履行债务的期限；（三）抵押财产的名称、数量等情况；（四）担保的范围。所以，双方口头约定的抵押无效，抵押合同应当是书面的，且在合同中需就双方债权及抵押财产的实际情况等进行约定。

法条链接

《中华人民共和国民法典》

第四百条 设立抵押权,当事人应当采用书面形式订立抵押合同。

抵押合同一般包括下列条款:

(一) 被担保债权的种类和数额;

(二) 债务人履行债务的期限;

(三) 抵押财产的名称、数量等情况;

(四) 担保的范围。

温馨提示

设置抵押的规定主要是保障债权人在债务人不履行债务时有优先受偿的权利,而这一优先受偿权是以设置抵押的实物形态变成值来实现的。所以,抵押是以抵押人所有的实物形态为抵押主体,以不转移所有权和使用权为方式作为债务担保的一种法律保障行为。抵押权的设立在最大程度上保护了债权人的利益。

自测小题

判断题:大林想开养殖场,但没钱周转。于是,大林向同村的海哥借款,并提出将自己的汽车抵押给他。借款到手后,海哥让大林将汽车交给他,理由是这样才能设立抵押权。海哥的说法正确吗?( )①

---

① 解答:错误。

当事人在不知情的情况下为他人赌债进行了担保，该担保有效吗？

▷ 案例实录

赵某和余某从小就是邻居，两人关系不错。后来，赵某去了广州做生意，余某和赵某只是过年回老家的时候才会聚一聚。余某知道赵某做的是大生意，因为每次赵某回家都开名车，戴名牌手表，还拿着大堆的营养品。其实，赵某确实是在广州经营服装生意，但是后来开始跟朋友一起赌博，欠了一大笔债。这些余某都不知情。有一次，赵某告诉余某，说需要余某给自己提供担保。余某认为是生意上的事情，就以自己的汽车为赵某提供了抵押担保，并办理了抵押登记。那么，余某在不知情的情况下为赵某的赌债所作的担保有效吗？余某需要承担担保责任吗？

◯ 律师分析

余某的担保无效，不必承担担保责任。《民法典》第三百八十八条规定，除非法律另有规定，主债权债务合同无效的，担保合同无效。本案中，赵某与赌债债权人之间的债务可以视为"主合同"，而赵某与余某的担保合同则为"从合同"。由于赌债是不受法律保护的，所以"主合同"无效，而作为"从合同"的担保合同自然也是无效的。余某在此事中没有过错，所以不需要承担任何担保责任。

法条链接

《中华人民共和国民法典》

第三百八十八条 设立担保物权,应当依照本法和其他法律的规定订立担保合同。担保合同包括抵押合同、质押合同和其他具有担保功能的合同。担保合同是主债权债务合同的从合同。主债权债务合同无效的,担保合同无效,但是法律另有规定的除外。

担保合同被确认无效后,债务人、担保人、债权人有过错的,应当根据其过错各自承担相应的民事责任。

温馨提示

在日常生活中,债权人与债务人恶意串通,或者债务人隐瞒真相骗取担保的现象时有发生。因此,在为其他人提供担保时,一定要谨慎,要弄清楚被担保的主债权的情况。当然,为了保护担保人的合法利益,法律也规定,如果主债权因违反法律禁止性规定而无效,则担保合同也无效,担保人无须承担相关责任。

自测小题

选择题:下列合同中,哪些是无效的?(　　)[①]

A. 家境富裕的小明(7岁)为同学灿灿(7岁)签订的担保合同

B. 为了制毒贩毒签订的担保合同

C. 为虚构的债务所提供的担保合同

[①] 解答:ABC。

担保物被毁损的，债权人可以就担保物产生的保险金优先受偿吗？

案例实录

张某向李某借款 200 万元用于公司投资，双方约定借款一年后偿还，但是李某要求张某必须以自己的汽车作担保。天有不测风云，张某在出差时出了交通事故导致汽车损坏，经交通大队鉴定是对方的全责，张某因此获得了保险公司 50 万元的保险赔偿。后到了双方约定的还款日期，张某一直没有还款，李某去张某家要求张某还款时，才知道张某的汽车出了交通事故，一直没有修好。李某告诉张某，虽然车毁损了，但是对于保险金自己有优先受偿的权利。那么，李某的主张是否于法有据？为什么？

律师分析

李某的主张于法有据，李某可以要求就保险金优先受偿。当担保物因毁损、灭失或被依法征收而丧失了所有权时，担保权人可以就该保险金、赔偿金或补偿金行使优先受偿权。对于这一点，《民法典》第三百九十条有明确的规定。本案中，作为抵押物的汽车已损毁，抵押权人李某可以就保险金优先受偿。

法条链接

《中华人民共和国民法典》

第三百九十条 担保期间，担保财产毁损、灭失或者被征收等，担保物权人可以就获得的保险金、赔偿金或者补偿金等优先受偿。被担保债权的履行期限未届满的，也可以提存该保险金、赔偿金或者补偿金等。

💡 温馨提示

抵押权的实现必须具备以下几个条件。第一，抵押权必须有效存在。第二，必须是债务人履行期间届满。第三，债权人未受清偿，即债务人未按期履行义务，无论是迟延履行还是拒绝履行。第四，债务未受清偿不是由债权人造成的。只有在因债务人方面的原因未能清偿债务而使债权人未受清偿时，抵押权人才可以行使抵押权。

⏱ 自测小题

选择题：赵某向周某借款，抵押物是自己名下的老房子。不久前，赵某抵押的老房子被征收了，但是债务履行期尚未届满。对此，他可以怎么做？（　　）①

A. 与周某协商提前还款

B. 就补偿款办理提存

C. 与周某协商变更抵押物

未经担保人同意转让债务，担保人还要负担保责任吗？

▷ 案例实录

那某向陈某借款100万元，双方约定了借款时间及还款方式。由于陈某不放心，那某又找来贾某，贾某以自己的房屋为那某提

---

① 解答：ABC。

供了担保。半年后，那某和陈某协商，称张某向自己借了100万元，以后张某还的钱直接给陈某，自己就不用还钱了。陈某看过张某的借条后，表示同意。但是两人的协商结果并没有通知提供担保的贾某，也没有经过贾某的同意，贾某对此事根本不知情。那么，不知情的贾某还用继续对这份债务承担担保责任吗？

律师分析

贾某不再承担担保责任。《民法典》第三百九十一条规定，债权人同意债务人转移债务的，如果没有经过担保人书面同意，担保人不再承担相应的担保责任。本案中，陈某同意那某把债务转移给张某，且没有经过担保人贾某的书面同意，所以贾某不再承担相应的担保责任。

法条链接

《中华人民共和国民法典》

第三百九十一条　第三人提供担保，未经其书面同意，债权人允许债务人转移全部或者部分债务的，担保人不再承担相应的担保责任。

温馨提示

在担保关系中，未经担保人同意，债务人擅自转移债务的，将给担保人带来较大的风险。因此，法律对债权人的权利行使进行了限制性规定。

我国的抵押权主要有以下几种：一是不动产抵押，是指以不动产为抵押标的物而设定的抵押，是最普遍的抵押形式；二是动产抵押，是指以动产为抵押物而设立的抵押，但并不是所有的动产都可以作为抵押物;三是权利抵押,是指以特定的财产权利作为抵押标的物的抵押;四是最高额抵押,是指抵押人与抵押权人协议,在最高额度内,以抵押物对一定时间内连续发生的债权作担保的形式。

自测小题

判断题:债权人允许债务人转移全部或者部分债务的,通知担保人后,担保人漠视未表态的,也不再承担相应的担保责任。该说法是否正确?( )①

抵押权会随债权的转让而转让吗?

案例实录

金某的儿子小金要装修婚房,金某手头资金紧张,就去向段某借钱。双方达成协议,金某向段某借款20万元,借款期限为一年,并且金某提供自己的另外一套住房作为抵押。双方签订了抵押合同,并办理了抵押登记。段某在借钱给金某半年后,发现自己曾向张某借的20万元已经到期。于是段某和张某协商,将段某对金某的债权转让给张某。事后段某将此事告知金某,金某也表示同意。那么,债权转移后抵押权也会随之转移吗?

律师分析

《民法典》第四百零七条规定:"抵押权不得与债权分离而单独转让或者作为其他债权的担保。债权转让的,担保该债权的抵

---

① 解答:正确。

押权一并转让，但是法律另有规定或者当事人另有约定的除外。"本案中，段某将自己对金某的债权依法转让，且双方对于抵押权及债权并未约定禁止转让及其他事宜，因此该抵押权随债权的转让一并转让给张某。

法条链接

《中华人民共和国民法典》

第四百零七条 抵押权不得与债权分离而单独转让或者作为其他债权的担保。债权转让的，担保该债权的抵押权一并转让，但是法律另有规定或者当事人另有约定的除外。

温馨提示

抵押权具有从属性、附随性。这两个性质决定其在被担保的债权发生转让时，应随之一并转让。但是也存在两种例外情形：一是最高额抵押担保的债权确定前，部分债权转让的，最高额抵押权不得转让；二是当事人可以在合同中另外约定的情况。正因为抵押权的性质，使得抵押权不能单独转让。抵押权是债权的从权利，以其担保的债权存在为前提。没有债权，也就不可能有抵押权，故抵押权不能离开债权而独立存在。抵押权是一种预先设定的权利，在债权正常履行的情况下，抵押权是不会实现的。

自测小题

选择题：甲欠乙一笔钱，以名下房屋作为抵押担保。债务履行期限届满后，甲未能还款。此时，丙提出可以为甲清偿债务，但前提是获得房屋的抵押权。下列说法正确的是（　　）。[1]

A. 丙替甲清偿债务后，自动获得房屋抵押权

B. 乙可以将债权和抵押权一同转让给丙

C. 乙应当先将抵押权转移给丙，然后丙才能代甲清偿债务

抵押权顺位可以变更吗？

▷ 案例实录

冯某是养鸡专业户，为了修葺和扩建自己的鸡舍，需要资金40万元。冯某向陈某借款40万元，双方约定冯某以自己价值100万元的房屋作抵押，并办理了抵押登记，同时双方约定了借款期限为两年。在此期间，因为禽流感的影响，冯某养殖的鸡损失了将近三分之一。于是，冯某又向李某借款20万元用于鸡舍的消毒与购买新鸡进行养殖，双方约定了一年的还款期，冯某以自己价值100万的房屋作了第二次抵押，双方办理了抵押登记。冯某与李某约定的还款日期先于其向陈某借款的还款期限，李某希望自己的抵押权顺位先于陈某。那么，抵押权顺位可以变更吗？

⟳ 律师分析

根据《民法典》第四百零九条第一款的规定，抵押权人可以放弃抵押权或者抵押权的顺位。抵押权人与抵押人可以协议变更抵押权顺位以及被担保的债权数额等内容。但是，抵押权的变更

---

[1] 解答：B。

未经其他抵押权人书面同意的，不得对其他抵押权人产生不利影响。本案中，在冯某价值100万元的房屋之上设有陈某的40万元抵押和李某的20万元抵押，总抵押额是60万元，没有超过房屋的价值100万元。所以，即使变更了抵押顺位，当冯某不履行债务时，在李某优先受偿20万元后，还剩余80万元，完全不会影响陈某40万元债权的实现。因此，只要不影响到陈某的利益，李某与冯某是可以协议变更抵押顺位的。但如果会对陈某产生不利影响，如当房屋价值为50万元时，就必须经过陈某的书面同意，李某才可以与冯某协议变更抵押顺位。

法条链接

《中华人民共和国民法典》

第四百零九条第一款 抵押权人可以放弃抵押权或者抵押权的顺位。抵押权人与抵押人可以协议变更抵押权顺位以及被担保的债权数额等内容。但是，抵押权的变更未经其他抵押权人书面同意的，不得对其他抵押权人产生不利影响。

温馨提示

抵押权的顺序是抵押权人相互之间的关系，是抵押权在实现上的排他效力的重要表现，也是抵押权制度中的重要问题之一。法律规定了抵押权顺位，目的是保障抵押权的正常行使。在一个抵押物上设立了多个抵押权的情况下，抵押权的实现是有先后顺序的，这一点值得当事人注意。在都经过登记的情况下，先设立的抵押权优于后设立的抵押权，受偿权也依照抵押登记的时间顺序。如果出现当事人为串通损害另一方抵押权人的利益而变更顺位的情况，法律对另一方抵押权人是予以保护的，利益被损害的抵押权人应该及时拿起法律武器保护自己。

⏱ 自测小题

填空题：债务人以自己的财产设定抵押，抵押权人放弃该抵押权、抵押权顺位或者变更抵押权的，其他担保人在抵押权人丧失优先受偿权益的范围内（   ）① 担保责任，但是其他担保人承诺仍然提供担保的除外。

出租后的房屋办理了抵押，抵押权人能要求承租者搬走吗？

▶ 案例实录

张某有一处价值110万元的房屋，自装修完后就一直对外出租。张某看到酒店生意越来越挣钱，也想开一家酒店，但资金不足。于是，张某以自己的房屋作抵押向银行贷款55万元，双方签订了合同，借款时间为一年。由于张某在经营中用人不善，管理也不到位，导致酒店业绩一直上不去，到了与银行约定的还款日期时，张某无力还款。这时，银行与张某协商将抵押的房屋变卖偿还债务。张某同意了，银行便要求承租人搬出房屋。承租人认为自己与房东签的租房合同并没有到期，所以不肯搬迁。那么，银行的做法正确吗？

---

① 解答：免除。

律师分析

根据《民法典》第四百零五条规定，订立抵押合同前，抵押财产已经出租的，原租赁关系不受抵押权的影响。本案中，租赁合同订立的时间在抵押合同之前，因此承租人有权在该房内居住至租赁合同期满，银行不得要求其搬迁。

法条链接

《中华人民共和国民法典》

第四百零五条 抵押权设立前，抵押财产已经出租并转移占有的，原租赁关系不受该抵押权的影响。

温馨提示

在抵押权持续期间，抵押人可以在一定范围内处分抵押物，其中就包括将抵押物出租。但是抵押人行使自己的处分权不能对既存的抵押权造成伤害，当被担保的主债权届期未获清偿时，抵押权人仍可就所有权属于债务人的抵押物行使抵押权。需要注意的是，这里的抵押权指的是已经登记的抵押权，如果出租发生在抵押之前，则抵押不得对抗租赁。

自测小题

判断题：房屋抵押登记后又出租的，抵押关系可以对抗租赁关系。该说法是否正确？（　）[1]

---

[1] 解答：正确。

抵押期间抵押物产生的租金归谁所有?

案例实录

赵某在市中心购买了一套商业用房用来出租赚取租金。在此期间,赵某因为想向银行贷款买房供自己居住,于是拿自己的商业用房作为抵押,双方约定了还款日期以及抵押的相关事项,并在有关部门进行了抵押登记。因为赵某的商品房一直对外出租,所以赵某将此事书面告知了商品房承租人。房子抵押之后唯一令赵某感到困惑的是,自己将商品房出租后,租金是银行来收还是自己收呢?这与抵押合同有关系吗?

律师分析

因为抵押不转移物的占有,所以使得将出租的财产作为抵押物成为可能。由于设定抵押的财产已经出租,实际使用权、占有权已归承租人,所以,抵押人若将已出租的财产进行抵押,应当书面告知承租人。但是,抵押人只需告知承租人即可,不需要征得承租人的同意。承租人是否同意抵押行为,不影响抵押合同的签订。

因为该财产的所有权或经营管理权属于抵押人,其处分权自然也属于抵押人。《民法典》第四百零五条规定:"抵押权设立前,抵押财产已经出租并转移占有的,原租赁关系不受该抵押权的影响。"由此可见,抵押合同的成立并不影响原租赁合同的效力,因合同产生的租金等合法收入也应当由抵押人收取。

本案中,赵某将已经出租的商品房作为抵押向银行贷款,并书面告知了承租人,租赁合同继续有效,依法收取的租金应该归赵某，与抵押合同无关。

法条链接

《中华人民共和国民法典》

第四百零五条 抵押权设立前，抵押财产已经出租并转移占有的，原租赁关系不受该抵押权的影响。

温馨提示

如果在抵押合同签订前，抵押财产已经出租，则原租赁关系不受影响。但是，如果抵押权设立后，抵押人才将抵押财产出租的，那么分为两种不同的情况：一是抵押已经登记，则承租人不得对抗抵押权人，若债务人到期不还款，抵押权人可以行使权利；二是抵押没有登记，则抵押权人不得对抗不知情的承租人。

自测小题

选择题：在房屋租赁期限内因占有、使用租赁物获得的收益，归谁所有？（ ）①

A. 出租人

B. 承租人

C. 房屋抵押权人

---

① 解答：B。

抵押的出租房被法院扣押后，租金应该归谁？

案例实录

韩某在自己居住的小区附近开办了一家超市，因为平时要看店，所以韩某就在超市里面支了一张床，将自己原本居住的房子租了出去，定期收取租金。因为想要扩建超市，韩某就将出租的房屋抵押给了银行，向银行借款40万元用于超市扩建。双方约定借款期为一年，并且办理了抵押登记。不久前，借款到期时，韩某表示自己还没有能力偿还，银行就跟韩某协商将抵押的房屋变卖，但是韩某并不同意。银行无奈之下将韩某告上了法庭，法院在了解情况后，依法将房屋扣押了。那么，出租房的租金在这段时间由谁收取呢？

律师分析

本案中，韩某作为债务人没有按期还清银行的贷款，也没有与银行达成变卖抵押财产的协议，在此情况下，银行将韩某告上了法庭，法院在了解案情后将其房屋扣押。根据《民法典》第四百一十二条的规定，债务人不履行到期债务，致使抵押财产被人民法院依法扣押的，自扣押之日起，抵押权人有权收取该抵押财产的天然孳息或者法定孳息，但抵押权人未通知应当清偿法定孳息的义务人的除外。所以，房屋的房租自扣押之日起由银行收取。

法条链接

《中华人民共和国民法典》

第四百一十二条　债务人不履行到期债务或者发生当事人约

定的实现抵押权的情形，致使抵押财产被人民法院依法扣押的，自扣押之日起，抵押权人有权收取该抵押财产的天然孳息或者法定孳息，但是抵押权人未通知应当清偿法定孳息义务人的除外。

前款规定的孳息应当先充抵收取孳息的费用。

温馨提示

因债务人到期不还款，导致出租给他人的房屋被人民法院扣押，则抵押权人有权利收取房租。之所以这样规定，是为了维护债权人的合法权益。同时，债权人应当将相关情况告知承租人，让其向自己支付租金，这也是为了更好地维护自己的利益。

自测小题

判断题：贾某未能按约定清偿债务，其债权人自债务履行期限届满之日起便可收取抵押物的孳息。该说法是否正确？（　　）[1]

抵押的汽车因车祸受损价值降低，抵押权人应该怎么办？

案例实录

齐某为个人消费的需要，向银行贷款15万元。双方约定了还款日期，并且约定齐某以自己20万元的小汽车作抵押。在签订合同的当日，双方办理了抵押登记。在抵押期间，齐某出了交通事故，汽车受损比较严重，价值减至10万元。经过交警大队认定，此次事故对方负全责。车祸的另外一方当事人对齐某进行了赔偿，

---

[1] 解答：错误。

共计 6 万元。那么，此次事故造成了齐某车辆价值的减损，作为抵押权人的银行应该怎么办？还要继续以这辆汽车作为抵押物吗？

律师分析

抵押人自己所有的汽车可以作为抵押物，对合同进行担保。汽车作为运输工具，要发挥其功能就要实际使用，因为车祸、自然磨损等原因而使其价值降低也属于正常现象。根据《民法典》第四百零八条的规定，抵押物价值减少时，抵押权人有权请求抵押人恢复抵押物的价值，或者提供与减少的价值相当的担保。

本案中，齐某在正常操作的情况下发生交通事故，导致轿车价值降低，齐某对该次事故没有责任，对该车价值减损没有过错，银行可以要求齐某以其因损害赔偿得到的 6 万元作为担保，该汽车价值未减少的部分，仍作为债务的担保。

法条链接

《中华人民共和国民法典》

第四百零八条　抵押人的行为足以使抵押财产价值减少的，抵押权人有权请求抵押人停止其行为；抵押财产价值减少的，抵押权人有权请求恢复抵押财产的价值，或者提供与减少的价值相应的担保。抵押人不恢复抵押财产的价值，也不提供担保的，抵押权人有权请求债务人提前清偿债务。

温馨提示

为了保证债权的实现，维护债权人的合法权益，法律规定了对抵押权的保全，即在抵押物价值减少时，抵押权人可以行使权利保护自己的债权，要求抵押人恢复原状，或者提供与减少的价值相当的担保，若遭到拒绝，可以提前行使抵押权。

⏱ 自测小题

选择题：小佳借了一笔钱给小丽，小丽将房子抵押给了她。某天小佳得到消息，小丽在房子中企图自杀引发火灾。小佳当即委托评估机构对房屋价值进行评估，发现该房屋的价值大幅缩水。对此，小佳可以怎么做？（　　）①

A. 只能自认倒霉

B. 有权要求小丽提供与房屋减少的部分价值相应的担保

C. 有权要求小丽立即清偿债务

债权人的抵押权在抵押物实现抵押后还存在吗？

▷ 案例实录

戴某想要开一家自助餐厅，前期需要很大的费用，于是就拿自己在市区的一套住房作抵押，向朋友宋某借了100万元用于餐厅的投资。双方约定借款期限为一年。开餐厅需要的宣传费用也很多，所以戴某基本上没有赔钱，但是也没有赚钱。一年以后，因为还不了宋某的钱，双方协商将戴某的房屋进行变卖以偿还借款。后来，戴某的自助餐厅经营得越来越好，戴某又将房子买了回来，这时宋某又过来行使抵押权。那么，宋某的要求合理吗？宋某还继续拥有对这所房子的抵押权吗？

---

① 解答：B。

律师分析

宋某的抵押权已经消灭。根据《民法典》第三百九十三条的规定,担保物权实现的,担保物权归于消灭。据此,宋某的抵押权实现后,该权利就归于消灭了,其无权再次行使抵押权。

法条链接

《中华人民共和国民法典》

第三百九十三条 有下列情形之一的,担保物权消灭:

……

(二)担保物权实现;

……

温馨提示

抵押权实现后,抵押权消灭,债权人不再享有抵押权,但对于未被清偿的部分,仍享有债权,因为主债权仍然存在。所以,债权人可以行使权利,要求债务人清偿未还清的部分,但无论原来的抵押物情况如何,债权人都不能再要求对该物行使权利。

自测小题

选择题:出现以下哪些情形,主债权消灭?( )①

A. 债务清偿完毕

B. 债权人免除债务

C. 债权债务相互抵销

---

① 解答:ABC。

抵押权到期不行使会怎样？

案例实录

范某向韩某借款 18 万元用于投资，双方约定借款期限为一年，并且范某提供自己价值 20 万元的一辆汽车作为抵押。一年期限到了以后，韩某要求范某还钱，但范某称公司效益不好，先缓一缓再还，韩某同意了。过了三个月，韩某再次要求范某还钱时，范某依旧称自己没钱，让韩某再等几个月。因为是朋友，所以韩某又等了几个月。超过还款期限半年后，韩某要求对范某的汽车行使抵押权，范某称因为韩某在借款期限届满时没有主张抵押权，所以现在抵押权已经消灭了。那么，韩某作为抵押权人的权利是否已经消灭了呢？范某的说法正确吗？

律师分析

范某的说法不正确，韩某的抵押权没过法定时效期限，仍然可以向范某主张。《民法典》第九章规定了诉讼时效制度，即当事人向法院请求保护其民事权利是有一定的时间限制的，过了法定的时限，法院对其权利不再保护。抵押权作为一项民事权利，也受诉讼时效的限制。抵押权人如果没有在法定期限内行使抵押权，则抵押权归于消灭。根据《民法典》第四百一十九条的规定，抵押权的诉讼时效与主债权期间相同。而根据该法第一百八十八条的规定，一般情况下诉讼时效期间为三年。具体到本案，抵押权的诉讼时效期间与主债权相同，即同为三年。韩某抵押权的三年诉讼时效期间未满，可以要求就被抵押的汽车优先受偿。

第四章 一般抵押担保

🔩 法条链接

《中华人民共和国民法典》

第一百八十八条 向人民法院请求保护民事权利的诉讼时效期间为三年。法律另有规定的,依照其规定。

诉讼时效期间自权利人知道或者应当知道权利受到损害以及义务人之日起计算。法律另有规定的,依照其规定。但是,自权利受到损害之日起超过二十年的,人民法院不予保护,有特殊情况的,人民法院可以根据权利人的申请决定延长。

第四百一十九条 抵押权人应当在主债权诉讼时效期间行使抵押权;未行使的,人民法院不予保护。

💡 温馨提示

在现实生活中常常会有抵押人到期不还款,抵押权人与其协商时也不配合的情况。这时,抵押权人应当学会保护自己的合法权益,及时催债务人还清拖欠的债务,也可以就这个问题结合自己的情况咨询律师,或者直接起诉到人民法院,请求人民法院公正处理,但是千万不能采用违法的手段对抵押物进行处置。

⏱ 自测小题

选择题:企业以现有的生产设备办理抵押贷款,抵押权什么时候实现?( )[①]

A. 债务履行期限届满,债权未实现时

[①] 解答:ABC。

B. 企业被依法宣告破产时

C. 出现当事人约定的实现抵押权的情形

抵押担保的范围包括债务人到期不偿还欠款的违约金吗?

案例实录

沈某因为修建房屋手头缺钱,向金某借款20万元,并以自己的商铺作为担保,双方约定还款时间为两年。借款期限届满后,沈某一直拖延欠款,称自己没有足够的钱还款。于是,金某就与沈某协商将沈某抵押的商铺变卖,变卖的钱金某拿走20万元,剩余的归沈某自己所有,但是沈某明确拒绝了金某的提议。金某十分气愤,要求沈某不仅要还款,还要支付违约金。那么,在这样的情况下,沈某是否应该支付违约金呢?违约金是否包括在抵押担保的范围内呢?

律师分析

到期不还款的违约金包括在担保范围内。根据《民法典》第三百八十九条的规定,担保物权的担保范围包括主债权及其利息、违约金、损害赔偿金、保管担保财产和实现担保物权的费用。当事人另有约定的,按照其约定。也就是说,法律赋予当事人界定特定担保事项之担保范围的自由意志,但当事人未就该范围进行约定时,担保范围包括主债权及其利息、违约金等。就本案而言,当事人未约定排除担保范围内的某项费用,所以违约金包括在担保物权的担保范围内。

第四章 一般抵押担保

法条链接

《中华人民共和国民法典》

第三百八十九条 担保物权的担保范围包括主债权及其利息、违约金、损害赔偿金、保管担保财产和实现担保物权的费用。当事人另有约定的，按照其约定。

温馨提示

法律对抵押担保的范围作出规定，主要是为了当事人交易的安全性考虑。同时，也让当事人在有了纠纷之后能够及时有效地解决纠纷，在能够自己解决的情况下尽量自己解决，如果私力救济不能，再求助司法机关。这样不仅减轻了司法机关的压力，更重要的是能节省时间和金钱。

自测小题

判断题：李某向牛某借款10万元，由季某做连带抵押担保。即便借款没有约定利息，如果到期后李某无力偿还，季某也应该就利息承担担保责任。该说法是否正确？（　　）①

抵押财产变卖后依旧不足以清偿全部债务的，怎么办？

案例实录

雷某因做生意赔了一大笔钱，手头资金有些紧张，就向朋友胡某借了1万元。胡某知道雷某生意失败了，就要求雷某提供担

---

① 解答：错误。

保。雷某便以自己价值3万元的摩托车作为抵押。双方还约定了雷某在一年内将1万元还清。一年里，因为雷某经常骑着摩托车到处跑生意，所以摩托车有了折损，价值变低。到期时，雷某的生意依旧没有起色，胡某要求雷某偿还1万元的欠款，雷某称自己暂时没有钱。胡某担心雷某逃走，于是要求对抵押物摩托车行驶抵押权。但是当时摩托车的市值只有8000元，雷某将摩托车卖了之后还差2000元。那么，此时胡某应该怎么办呢？

律师分析

本案中，雷某因为手头资金短缺将摩托车作为抵押向朋友借款1万元。还款期限届满时，雷某无力清偿债务，无奈之下将摩托车变卖，但仍不足以还清贷款。根据《民法典》第四百一十三条的规定，抵押财产折价或者拍卖、变卖后，其价款超过债权数额的部分归抵押人所有，不足部分由债务人清偿。本案中，雷某的摩托车只卖了8000元，其余债务仍由雷某负责清偿。所以，胡某仍有权要求雷某偿还剩下的2000元，并要求其在合理的时间内尽快还清债务。

法条链接

《中华人民共和国民法典》

第四百一十三条　抵押财产折价或者拍卖、变卖后，其价款超过债权数额的部分归抵押人所有，不足部分由债务人清偿。

温馨提示

在现实生活中，抵押人要求对抵押物行使权利时，拍卖、变卖抵押物所得价款与签订抵押合同时抵押物的价值有出入，这是很正常的。如果价款数额超过债权数额，那么债权人的债权可以完全实现，剩余部分自然归抵押人所有。如果价款不足以清偿债务，则债务人仍需清偿剩余的欠款，否则就损害了债权人的利益。因此，债权人遇到第二种情况时，要及时维护自身的权益。

自测小题

判断题：琴琴年前向小美借了一笔钱，为了实现担保债权，琴琴将自己的首饰抵押给了小美。最近，债务到期，琴琴未能还款。二人清算后发现，变卖首饰获得的价金仍无法清偿借款。琴琴称，首饰的价格本来是可以偿还欠款的，是小美急着要自己还款，自己才没有高价转让出去。因此，小美应当自行承担不足部分的损失。琴琴的说法是否正确？（　　）[1]

债务人将抵押物卖了怎么办？债权人应该怎样行使抵押权？

案例实录

胡某的公司需要投资，但是资金周转不开。于是胡某向朋友廖某借了100万元用来填补资金空缺。双方约定，胡某以自己的房屋作为担保，借款期限是一年，并且在当天办理了抵押登记。在还款期将至时，胡某因为生意依旧没有起色，便决定将房屋卖掉，继续投资公司。因为手头紧张，所以在还款期届满时胡某仍没有钱来还给廖某。廖某想到当初在胡某的房屋上设立了抵押，

---

[1] 解答：错误。

于是想行使权利,这时才发现胡某已经将房屋卖出。胡某也以此为借口拒绝偿还廖某的借款。出现这种情况时,廖某应该怎样维护自身的权益呢?

律师分析

为了保护抵押权人的合法权益,《民法典》第四百零六条规定,除非当事人之间另有约定,抵押期间,抵押人是可以转让抵押财产的,但抵押人应及时通知抵押权人,且抵押权并不受抵押财产转让的影响。如果抵押权人能够证明抵押财产转让可能损害抵押权的,可以请求抵押人将转让所得的价款向抵押权人提前清偿债务或者提存。转让的价款超过债权数额的部分归抵押人所有,不足部分由债务人清偿。

本案中,胡某把抵押物房屋出卖的行为并不影响抵押权,廖某可就卖出后的房屋主张抵押权。如果在卖出前,廖某有证据证明该行为将损害抵押权,可以要求胡某提前清偿债务或办理提存。

法条链接

《中华人民共和国民法典》

第四百零六条 抵押期间,抵押人可以转让抵押财产。当事人另有约定的,按照其约定。抵押财产转让的,抵押权不受影响。

抵押人转让抵押财产的,应当及时通知抵押权人。抵押权人能够证明抵押财产转让可能损害抵押权的,可以请求抵押人将转让所得的价款向抵押权人提前清偿债务或者提存。转让的价款超过债权数额的部分归抵押人所有,不足部分由债务人清偿。

温馨提示

抵押权的设立其实是为了保障交易的安全进行,维护市场的秩序。但是,如果债权人在期限届满前将抵押物卖给他人,则很可能损害债权人的利益。如果抵押进行了登记,则抵押权人可以对抗买受人,依据物权的追及力行使抵押权;如果抵押未登记,而且买受人对此不知情,则抵押权人不能对抗买受人,而只能要求抵押人,即债务人赔偿自己的损失。所以,为了有效维护自己的合法权益,签订抵押合同后,应当办理登记。

自测小题

判断题:抵押期间,未经抵押权人同意,抵押人不得处分抵押财产。该说法是否正确?( )①

---

① 解答:错误。

第五章

城市房地产抵押担保

谁有权决定将有限责任公司的房产进行抵押贷款?

▶ 案例实录

张某与朋友李某、王某一同筹资设立了某塑料制品有限公司,张某为该公司的法定代表人和总经理,李某为该公司监事,王某负责公司的生产工作。三人制定了公司的章程,其中规定,对于公司的固定资产的处分需全体股东同意。该公司投入生产后半年就开始盈利,三人便共同商议决定花100万元重建办公楼。恰逢政府部门加大了对企业排污的检查力度,并通知各企业将进行大排查,不合格的企业马上关停。三人决定将公司的排污系统进行更换,但这需要一大笔资金,如果动用公司的流动资金,就会影响企业正常运营。此时,李某和王某先后离开公司处理自己的事情,张某遂自行决定用公司的办公楼向银行抵押贷款。到银行办理贷款手续时,银行要求公司出具全体股东签字的同意用办公楼抵押的会议记录。张某觉得自己是公司的法定代表人和总经理,完全有权处置公司的财产。那么,将该公司房产进行抵押贷款是否必须经全体股东同意呢?

律师分析

根据《城市房地产抵押管理办法》第十六条的规定，以有限责任公司、股份有限公司的房地产抵押的，必须经董事会或者股东大会通过，但企业章程另有规定的除外。也就是说，如果企业的章程规定了可以由某人，如总经理，作出公司房产抵押决定，那么总经理可以决定把公司房产抵押贷款。但是如果公司章程没有特别规定或者授权，公司房产抵押必须经董事会或者股东大会通过。本案中，该塑料制品有限公司的章程明确规定对于公司固定资产的处分是需要全体股东同意的，张某虽然是该公司的法定代表人和总经理，但其只是股东之一，所以张某自己是无权处分公司固定资产的，必须张某、王某、李某三位股东同时认可，才可以用公司办公楼向银行申请抵押贷款。

法条链接

《城市房地产抵押管理办法》

第十六条　以有限责任公司、股份有限公司的房地产抵押的，必须经董事会或者股东大会通过，但企业章程另有规定的除外。

温馨提示

用公司的资产进行抵押贷款时，必须先查阅公司的章程对于资产处分权的规定，有规定的从其规定，无规定的就需要经董事会或股东大会通过。在实践中，有的银行为了保证自己的权益，即便章程中有固定资产处分权的授权，依然要求企业出具由所有股东签字的文件。

自测小题

选择题：甲公司的公司章程规定：用公司资产为债务提供担保必须经过全体董事同意。最近，该公司欲以公司的办公楼作为抵押物申请贷款。下列说法哪一项是正确的？（　　）①

A. 该事项应经公司董事会通过

B. 该事项应经公司股东大会通过

C. 该事项应经过公司全体董事同意

抵押权人对设定抵押的划拨土地有没有优先受偿权？

案例实录

某县的瓷器厂始建于1982年，当时政府为了促进当地经济的发展，积极扶持本地的瓷器生产企业，瓷器厂用地也是政府通过划拨土地的方式批下来的。进入新时代后，新的瓷器生产技术和大规模的机械化生产模式猛烈冲击着瓷器制造业，该瓷器厂终因设备陈旧、技术落后，逐渐出现了运营危机。该瓷器厂苦苦支撑了几年，仍陷入了停产窘境。为此，该厂领导决定引进新的生产线，让企业重燃活力。因没有足够的资金，该厂就以土地使用权向某银行进行了抵押，贷款800万元用于技术改革。之后，该厂重新投入运营，虽然效益有了很大改善，但仍然处于不盈利的状态。几个月前，银行的贷款到期，银行多次向该瓷器厂催要贷款未果，无奈之下，银行向人民法院申请行使抵押权。瓷器厂辩称

---

① 解答：C。

该厂占用的土地是政府划拨用地,银行无权优先受偿。那么,对于划拨的土地,银行有优先受偿权吗?

律师分析

根据《城市房地产管理法》第二十三条的规定,土地使用权划拨是指县级以上人民政府依法批准,在土地使用者缴纳补偿、安置等费用后将该幅土地交付其使用,或者将土地使用权无偿交付给土地使用者使用的行为。因此,划拨土地使用权的显著特征就是使用的无偿性。为避免国有资产的流失,《城市房地产抵押管理办法》第四十五条规定,以划拨方式取得的土地使用权连同地上建筑物设定的房地产抵押进行处分时,应当从处分所得的价款中缴纳相当于应当缴纳的土地使用权出让金的款额后,抵押权人方可对于剩余的款额优先受偿。本案中,该瓷器厂以划拨用地向某银行进行抵押贷款,在行使抵押权时,应先缴纳土地出让金,剩余价款再由该银行优先受偿。

法条链接

《中华人民共和国城市房地产管理法》

第二十三条 土地使用权划拨,是指县级以上人民政府依法批准,在土地使用者缴纳补偿、安置等费用后将该幅土地交付其使用,或者将土地使用权无偿交付给土地使用者使用的行为。

依照本法规定以划拨方式取得土地使用权的,除法律、行政法规另有规定外,没有使用期限的限制。

《城市房地产抵押管理办法》

第四十五条 以划拨方式取得的土地使用权连同地上建筑物设

定的房地产抵押进行处分时,应当从处分所得的价款中缴纳相当于应当缴纳的土地使用权出让金的款额后,抵押权人方可优先受偿。

法律、法规另有规定的依照其规定。

温馨提示

银行在对土地进行抵押贷款时,一定要核实土地的性质,根据性质进行贷款额度的批示,以保证银行的贷款可以顺利收回。而企业在进行贷款时也要如实提交反映土地使用权性质的文件,尽到告知义务,以免发生不必要的纠纷。

自测小题

选择题:设立建设用地使用权,可以采取哪些方式?(　　)①

A. 出让

B. 划拨

C. 继承

什么情况下可以申请抵押权人中止处分抵押房产?

案例实录

张某看到朋友梁某经营煤炭生意挣了很多钱,就想入股与梁某共同经营煤炭生意。梁某欣然应允,并告诉张某至少要投入60万元。张某只有30万元,就向邢某借钱。邢某要求张某提供抵押。张某同妻子商量后就以自己的现有住房向邢某作了抵押,双方到房产

---

① 解答:AB。

116

部门办理了抵押登记。筹到钱后，张某将60万元交给了梁某，两人签订了合伙协议。后张某的借款到期，邢某遂要求张某还钱，但张某的钱都压在了煤炭生意上，而且没有到分红的日期。邢某多次向张某要钱未果，就向人民法院申请拍卖张某的房产。人民法院经过审理，裁定拍卖张某的房产。该裁定生效后，邢某向人民法院申请了强制执行。这时，张某拿到了两年的红利30万元，想中止拍卖房产。那么，张某怎么才能中止邢某行使抵押权呢？

律师分析

根据《城市房地产抵押管理办法》第四十六条的规定，中止处分抵押房地产的情形有如下五种：（一）抵押权人请求中止的；（二）抵押人申请愿意并证明能够及时履行债务，并经抵押权人同意的；（三）发现被拍卖抵押物有权属争议的；（四）诉讼或仲裁中的抵押房地产；（五）其他应当中止的情况。本案中，张某以自己的房产向邢某抵押借款30万元，并办理了抵押登记，因此双方的抵押借款合同关系成立，张某是抵押人，邢某是抵押权人。但在张某无力还款的情况下，邢某向人民法院申请行使抵押权。在邢某申请执行时，张某具有了还款能力，符合上述法律第二项规定的情形。因此，张某可以向法院申请中止执行，或是同邢某协商还款，由邢某撤销执行申请，这样就可以中止拍卖房产的程序了。

法条链接

《城市房地产抵押管理办法》

第四十六条　抵押权人对抵押房地产的处分，因下列情况而中止：

（一）抵押权人请求中止的；

（二）抵押人申请愿意并证明能够及时履行债务，并经抵押权人同意的；

……

温馨提示

法律明确规定了中止处分抵押房地产的情形，这一规定既有利于债权的实现，也有利于保障抵押人的合法权益。在设立抵押时，抵押人应对此有所了解，这样才能更好地维护自身的利益。

自测小题

选择题：刘某以康某未按约定清偿债务为由提起诉讼，要求拍卖康某办理了抵押登记的房产。执行期间，刘某得知康某抵押的房屋系其家里的唯一住房，心生怜悯。他不想拍卖康某的房子了，但是案件已进入执行程序。请问，刘某可以申请中止拍卖房屋吗？（　）[①]

A. 可以

B. 不可以

贷款买房是以购置的新房作为抵押吗？

案例实录

张某大学毕业后留在学校任辅导员，后经人介绍认识了高中女教师王某。相处两年后，张某向王某求婚，王某欣然应允，两

[①] 解答：A。

人挑了个良辰吉日到民政部门领取了结婚证。随后张某和王某开始准备购买婚房，两人在市区看中了一套两室一厅的商品房现房，决定贷款购买。张某和王某共同交了首付 20 万元，并在银行办理了 15 年期的贷款。张某买完房后手头拮据，便向父母借款进行房屋装修。父母得知此事就责怪张某，说买房时应该告诉他们，一起凑钱交全款买房，不要将房子抵押给银行贷款，利息还高。张某想不明白，自己贷款买房，并没有抵押房产呀？那么，贷款买房是将新房抵押给贷款银行吗？

律师分析

张某和王某贷款买房本身就是一种房产抵押。根据《城市房地产抵押管理办法》第三条、第二十条的规定，预购商品房贷款抵押，是指购房人在支付首期规定的房价款后，由贷款银行代其支付其余的购房款，将所购商品房抵押给贷款银行作为偿还贷款履行担保的行为。也就是说，张某与王某支付了 20 万元首付款，剩余房款向银行进行了 15 年期的预购商品房贷款，其实就是让银行为其代付剩余房款，同时将所购的房子抵押给银行作为偿还贷款的担保。如果张某不还或不能按时还款，银行就会向法院申请将他的房子变卖以偿还贷款。当然，需要提醒一下，进行预购商品房贷款抵押的，购房者需要注意，商品房开发项目必须符合房地产转让条件并取得商品房预售许可证。

法条链接

《城市房地产抵押管理办法》

第三条第四款　本办法所称预购商品房贷款抵押，是指购房

119

人在支付首期规定的房价款后,由贷款银行代其支付其余的购房款,将所购商品房抵押给贷款银行作为偿还贷款履行担保的行为。

第二十条　预购商品房贷款抵押的,商品房开发项目必须符合房地产转让条件并取得商品房预售许可证。

温馨提示

进行预购商品房贷款抵押一定要根据自己的工资水平选择适合自己的贷款方式。在向银行贷款前,最好到国土房管局查阅该楼盘是否已经被出售,或是否有被抵押贷款的记录,以免造成不必要的损失。

自测小题

选择题：当事人在办理预购商品房贷款抵押时,需要提供以下哪些材料？（　　）①

A. 生效的预购房屋合同

B. 抵押人身份证明等材料

C. 卖方的身份证明和资格证明等材料

以已建工程进行抵押的,已建工程范围内的建设使用权是否需要同时进行抵押？

案例实录

某房地产开发有限公司承建了某城中村的拆迁平改工作,预

---

① 解答：ABC。

计建设高层住宅 10 栋，建成一个花园式小区。10 栋楼房拔地而起，但建设到第 8 层时，该房地产开发有限公司出现了资金问题，无法将工程继续下去，该公司多方筹措资金都没有结果。为了保障工程顺利进行，某房地产开发有限公司决定以已建的 10 栋 8 层的楼房向银行抵押贷款。当该公司员工拿着一大堆文件向银行申请贷款时，银行工作人员告知其还需提交整个工程的建设用地使用权证明。那么，能否仅以已建工程进行抵押呢？

律师分析

在建工程抵押指的是抵押人为取得在建工程继续建造资金，以其合法取得的建设用地使用权连同在建工程的投入资产，抵押给贷款银行作为偿还贷款担保的行为。根据《民法典》第三百九十七条第一款规定，以建筑物抵押的，该建筑物占用范围内的建设用地使用权一并抵押。以建设用地使用权抵押的，该建设用地上的建筑物一并抵押。所以，建筑公司以建好的工程作抵押进行贷款的，其占用范围的建设用地使用权也随之抵押。本案中，该房地产开发有限公司同时建造 10 栋高层住宅，每栋已建至 8 层，要以 10 栋已建工程作为抵押，那么其楼房下面的土地使用权也需要一并进行抵押。该房地产公司不能只抵押地上建筑物，因此银行才要求该公司出具整个工程的建设用地使用权证明。

法条链接

《民法典》

第三百九十七条 以建筑物抵押的，该建筑物占用范围内的建设用地使用权一并抵押。以建设用地使用权抵押的，该土地上的建筑物一并抵押。

温馨提示

我国遵循房地一体原则,房屋与建设用地不可分离,应将二者看成一个整体,房屋不能离开建设用地而独立存在。因此,办理在建工程的抵押要以其范围内的建设用地一并抵押。

自测小题

判断题:由于在建建筑物尚未建成,故以在建建筑物办理抵押的,不用办理抵押登记手续也可以设立抵押权,该说法是否正确?(　)[1]

抵押房产拍卖后所得价款怎样分配?

案例实录

陈某于2007年设立了一人有限公司——某水泥有限公司,公司投入运营后很快就开始盈利。几年前,该地房地产行业骤然疲软,陈某的水泥公司受到严重影响,多次停产。恰逢此时国家开始整治重工业排污问题,陈某的公司因排污设备不达标被勒令停产。无奈之下,陈某开始筹措资金对公司进行整改。陈某将自己的别墅抵押给朋友周某,向其借款200万元。后陈某的公司整改结束投入生产,但最终因各种原因又陷入停产。去年年底,周某的债权到期,陈某无力还款。上个月,周某向人民法院申请行使

---

[1] 解答:错误。

抵押权，法院支持了周某的请求，将别墅拍卖。那么，陈某的别墅被拍卖后所得价款应如何分配呢？

律师分析

根据《城市房地产抵押管理办法》第四十七条的规定，处分抵押房地产所得金额，依下列顺序分配：（一）支付处分抵押房地产的费用；（二）扣除抵押房地产应缴纳的税款；（三）偿还抵押权人债权本息及支付违约金；（四）赔偿由债务人违反合同而对抵押权人造成的损害；（五）剩余金额交还抵押人。因此，本案中陈某的别墅拍卖所得价款应先行支付处分行为发生的费用，即拍卖发生的费用，然后在扣除相应税金后偿还周某的200万元借款的债务本息，之后如果还有剩余，则交还给陈某。

法条链接

《城市房地产抵押管理办法》

第四十七条　处分抵押房地产所得金额，依下列顺序分配：

（一）支付处分抵押房地产的费用；

（二）扣除抵押房地产应缴纳的税款；

（三）偿还抵押权人债权本息及支付违约金；

（四）赔偿由债务人违反合同而对抵押权人造成的损害；

（五）剩余金额交还抵押人。

处分抵押房地产所得金额不足以支付债务和违约金、赔偿金时，抵押权人有权向债务人追索不足部分。

温馨提示

抵押权人在借款给抵押人时，一定要估算好房屋的现价值，如果估算过高,房屋拍卖后所得价款可能不足以全部实现债权。抵押权人在借款给抵押人时,数额要尽量小于房屋的实际价值,这样才能更好地保证债权的实现。

自测小题

判断题:处分抵押的房屋所得的价款,应当首先用于偿还贷款本息。(　　)①

企业以自有房产作抵押的,抵押期限应在经营期限范围内吗?

案例实录

吴某等四名股东设立了某商贸有限公司,公司营业执照登记公司的经营时间为2015年4月1日至2025年3月31日。吴某任公司法定代表人及经理。公司运营后,吴某等股东四处招揽业务,并在网上建立销售平台,但公司一直处于不盈利状态。2020年年初,该公司出现流动资金困难的问题,吴某召集其余三名股东召开股东会议,经过讨论,四人一致同意以公司的厂房及办公楼房作为抵押向银行贷款,预计贷款15年,贷款期限至2035年。那么,该公司能向银行贷款15年吗?

律师分析

公司经营的期限就是公司存续的期限,期限到期是公司解散的法定事由,公司解散后就不再具备市场主体资格,因此《城市

---

① 解答:错误。

房地产抵押管理办法》第十七条规定，有经营期限的企业以其所有的房地产设定抵押的，所担保债务的履行期限不应当超过该企业的经营期限。本案中，该商贸公司在注册登记时，公司营业执照中明确约定了公司经营期限为10年，即自2015年至2025年。而吴某欲贷款至2035年，明显超过了公司的经营期限，属于违反上述法律的行为，这是不允许的。

法条链接

《城市房地产抵押管理办法》

第十七条　有经营期限的企业以其所有的房地产设定抵押的，所担保债务的履行期限不应当超过该企业的经营期限。

温馨提示

在实践中，银行在放贷时会审查企业的贷款年限与经营年限，如果超过经营年限的，银行会要求企业更正；企业不更正的，银行则不会给企业发放贷款。

自测小题

选择题：企业经营的经营期限应当以什么为参考？（　　）[1]

A. 工商营业执照所登记的时间

B. 章程上面记载的时间

C. 抵押合同中约定的时间

---

[1] 解答：A。

法律是否允许一处房产设定两次抵押？

▶ 案例实录

付某经营着一个家具广场。几个月前，连续的降雨使得付某存放家具的仓库进水，导致大量家具被水浸泡，损失惨重。付某为了继续经营该家具广场，决定用自己价值约300万元的别墅向好友吴某进行抵押借款。双方经过协商签订了抵押借款合同，合同约定付某以其所有的别墅进行抵押，向吴某借款150万元，借款期限为一年，利息为银行同期贷款利率的两倍。协议签订后，二人就到房产部门办理了抵押登记。后付某将150万元全部投入家具广场，但是这些钱没能帮付某渡过难关。于是，付某就想再以同一座别墅进行抵押向另一好友朴某借款100万元。朴某得知付某已经将房屋进行了抵押，立即表示不同意以该别墅进行抵押，要求付某另行提供抵押物。那么，法律是否允许在同一房产上设定两个以上的抵押权？

◯ 律师分析

付某是否可以在该处房产上进行二次抵押，需要根据具体情况来分析。根据《城市房地产抵押管理办法》第九条的规定，在同一房地产上可以设定两次抵押，且从《民法典》第四百一十四条的规定来看，二次抵押也是合法的。但是，同一房地产设定两个以上抵押权的，抵押人应当将已经设定过的抵押情况告知抵押权人。而且抵押人所担保的债权不得超出其抵押物的价值。房地产抵押后，该抵押房地产的价值大于所担保债权的余额部分，可以再次抵押，但不得超出余额部分。本案中，付某的别墅现价值约 300 万元，他将该房产抵押给吴某，借款 150 万元。之后付某又想将该房产抵押给朴某，首先，从形式上来说，付某已经将该房屋设定抵押的事明确告知了朴某；其次，从数额上来说，两次抵押的总额为 250 万元，并未超过房屋的总价值。但是还需要对付某的这处房产进行价值鉴定评估才能知道确定的数额。如果两次抵押的数额不超过别墅的总价值，那么付某将别墅再次抵押给朴某的行为就是合法的。

法条链接

《中华人民共和国民法典》

第四百一十四条 同一财产向两个以上债权人抵押的，拍卖、变卖抵押财产所得的价款依照下列规定清偿：

（一）抵押权已经登记的，按照登记的时间先后确定清偿顺序；

（二）抵押权已经登记的先于未登记的受偿；

（三）抵押权未登记的，按照债权比例清偿。

其他可以登记的担保物权，清偿顺序参照适用前款规定。

《城市房地产抵押管理办法》

第九条 同一房地产设定两个以上抵押权的，抵押人应当将已经设定过的抵押情况告知抵押权人。

抵押人所担保的债权不得超出其抵押物的价值。

房地产抵押后，该抵押房地产的价值大于所担保债权的余额部分，可以再次抵押，但不得超出余额部分。

温馨提示

在进行二次抵押的情况下，抵押权人最好请价值评估鉴定机构对房产进行公正明确的鉴定，这样才能更好地保障自身权益。另外，务必要进行抵押登记。

自测小题

选择题：去年，万某将名下房屋（价值200万元）抵押给了尚某，借款30万元，借款期限为三年。最近，他又想将该房屋抵押给周某，借款10万元。下列说法中哪些是正确的？（ ）[①]

A. 万某可以将房屋抵押给周某

B. 将房屋抵押给周某前，万某必须征得尚某同意

C. 将房屋抵押给周某时，万某应当告知周某该房屋已经抵押给尚某

以房产作抵押的，房产的价值如何确定？

案例实录

刘某的大学同学在云南从事玉石生意，刘某想在本地开一家玉器店，由他的同学为他提供货源。刘某预计需要投入60万元，但是他自己只有15万元存款。刘某就向自己的好友吴某提出借款50万元，并告诉吴某可以以自己100平方米的现有住房作抵押，借款期限为五年，每年偿还部分借款和利息，五年后还清所有借

[①] 解答：AC。

款。吴某经过考虑，认为刘某的房子不值50万元，遂表示只能借给刘某30万元。而刘某则称自己的房子在黄金地段，至少值50万元。双方就房屋价值的问题争执不下。那么，房屋抵押贷款时，房屋的价值如何确定？

律师分析

《城市房地产抵押管理办法》第二十二条规定，设定房地产抵押时，抵押房地产的价值可以由抵押当事人协商议定，也可以由房地产价格评估机构评估确定。法律、法规另有规定的除外。据此，抵押房地产的价值确定有两种方式：第一种是当事人协商议定；第二种就是由房地产价格评估机构评估确定。本案中，刘某和吴某对抵押房屋的价值持不同意见，无法达成一致，此时要想公平地确定房屋现有价值，就需要找一家房地产价格评估机构对该房产进行评估。由房地产专业人员凭借专业评估知识与素养对房屋价值进行评估，对于双方当事人是比较公平、公正和可信赖的做法。

法条链接

《城市房地产抵押管理办法》

第二十二条 设定房地产抵押时，抵押房地产的价值可以由抵押当事人协商议定，也可以由房地产价格评估机构评估确定。

法律、法规另有规定的除外。

温馨提示

在确定房屋价值时最客观的方式就是由房地产价格评估机构评估，但是这样需要抵押人承担评估费用，而评估费用一般是根据房产的价值确定的。

自测小题

选择题：张某欲将自家房屋作为抵押物为自己的债务提供担保，关于房屋价值的确定，下列说法哪一项是正确的？（　　）①

A. 根据张某购买房屋时支付的价格确定

B. 根据张某抵押房屋时的市场价格确定

C. 根据张某和债权人的协商确定

对抵押房产投保财产保险的，谁是投保人，谁是受益人？保单下发后，应由谁保管？

案例实录

罗某经营着一座石灰窑，为了筹集流动资金，罗某就向朋友陈某提出借款100万元。陈某同意借款，但是必须以罗某在东山树林边的别墅作为抵押，罗某立即表示同意。陈某考虑现在是火灾多发季节，别墅在树林边上，于是就向罗某提出为别墅投保财产保险。罗某认为这是一个很好的提议，对双方都是一个保障。陈某提出由罗某投保，陈某作为受益人，保单下发后交由陈某保管。罗某表示不同意，他的房子必须由他作为受益人，怎么能由陈某作为受益人呢？那么，抵押借款的房屋投保的，到底谁应作为受益人呢？保单下发后又应该由谁保管呢？

---

① 解答：C。

律师分析

《城市房地产抵押管理办法》第二十三条规定，抵押当事人约定对抵押房地产保险的，由抵押人为抵押的房地产投保，保险费由抵押人负担。抵押房地产投保的，抵押人应当将保险单移送抵押权人保管。在抵押期间，抵押权人为保险赔偿的第一受益人。据此可知，本案中，应由抵押人罗某为抵押的房地产投保，保险费由罗某负担。抵押房子投保后，罗某应当将保险单移送陈某保管。在抵押期间，陈某为保险赔偿的第一受益人。法律之所以如此规定，是基于对抵押权人利益的保护。抵押权是一种担保物权，担保着陈某的主债权100万元。如果为抵押的房产投保，那么抵押期间的保险利益也一同用于担保主债权的实现。因此，陈某应作为保险赔偿的第一受益人，且保单下发后也应由陈某保管。

法条链接

《城市房地产抵押管理办法》

第二十三条　抵押当事人约定对抵押房地产保险的，由抵押人为抵押的房地产投保，保险费由抵押人负担。抵押房地产投保的，抵押人应当将保险单移送抵押权人保管。在抵押期间，抵押权人为保险赔偿的第一受益人。

《中华人民共和国民法典》

第七百二十六条　出租人出卖租赁房屋的，应当在出卖之前的合理期限内通知承租人，承租人享有以同等条件优先购买的权利；但是，房屋按份共有人行使优先购买权或者出租人将房屋出卖给近亲属的除外。

出租人履行通知义务后,承租人在十五日内未明确表示购买的,视为承租人放弃优先购买权。

温馨提示

为抵押房地产投保,并不是法律强制要求的,而是由抵押双方当事人约定的。这样做可以避免抵押房产因为遭遇意外风险导致价值的减损,保障债权顺利实现。

自测小题

选择题:星星公司将自有厂房抵押给甲公司,并办理了抵押房地产保险。请问:出现以下哪些情形时,除合同另有约定外,保险人应当降低保险费,并按日计算退还相应的保险费?( )[1]

A. 星星公司生产经营态势良好,盈利非常可观,清偿债务能力显著增强

B. 厂房的保险价值明显减少

C. 据以确定保险费率的有关情况发生变化,厂房的危险程度明显降低

公司分立后,原公司在分立前签订的房产抵押合同是否继续有效?

案例实录

蒋某经营着一家大型汽车维修美容有限公司,该公司经营数

---

[1] 解答:BC。

年，积累了很多老客户，经济效益一直很好。于是，蒋某与儿子商议决定将该公司分立为两家公司，父子二人各负责一家。办理了相关的审批手续之后，父子二人各经营一家汽车维修美容公司，互不干涉。某天，蒋某的好友朱某找到蒋某，要求蒋某向他偿还一年前用原公司厂房抵押的借款30万元。蒋某看到合同上并没有自己的签字，只有原公司的公章，遂称公司已经分立，原公司已不存在，此抵押借款合同是没有效力的。那么，朱某手持的其与蒋某的抵押借款合同是否有效呢？

律师分析

蒋某原来的公司所签订的房产抵押合同继续有效。《城市房地产抵押管理办法》第二十四条第一款规定，企业、事业单位法人分立或者合并后，原抵押合同继续有效，其权利和义务由变更后的法人享有和承担。也就是说，即使蒋某的公司已经分立为两家公司，但是蒋某原来的公司所签订的抵押合同是不会失效的。蒋某的原公司注销之后，其权利义务的承受人是分立后的两家公司。所以，朱某可以向蒋某和蒋某的儿子经营的公司分别主张30万元债权，或者同时向两家公司主张权利，实现抵押权。此外，《民法典》第六十七条和《民事诉讼法》及其司法解释都规定，除非当事人另有约定，法人合并的，其权利和义务由合并后的法人享有和承担；法人分立的，其权利和义务由分立后的法人享有连带债权，承担连带债务。公司作为抵押人所应履行的义务，同样是由变更后的公司来承担。

法条链接

《中华人民共和国民法典》

第六十七条 法人合并的,其权利和义务由合并后的法人享有和承担。

法人分立的,其权利和义务由分立后的法人享有连带债权,承担连带债务,但是债权人和债务人另有约定的除外。

《最高人民法院关于适用〈中华人民共和国民事诉讼法〉的解释》

第六十三条 企业法人合并的,因合并前的民事活动发生的纠纷,以合并后的企业为当事人;企业法人分立的,因分立前的民事活动发生的纠纷,以分立后的企业为共同诉讼人。

《城市房地产抵押管理办法》

第二十四条第一款 企业、事业单位法人分立或者合并后,原抵押合同继续有效,其权利和义务由变更后的法人享有和承担。

温馨提示

在与企业等组织签订抵押借款合同时,抵押权人可以明确将此条列入合同中,作出详细明确的约定,这样就可以减少不必要的纠纷了。

自测小题

选择题:甲公司是乙公司的债权人,并对乙公司的某批设备享有抵押权。后乙公司分立成丙公司和丁公司。债务履行期届满,甲公司债权未能实现。对此,甲公司可以怎么做?(　)①

---

① 解答:B。

A. 请乙公司承担责任
B. 请丙公司和丁公司承担责任
C. 请乙公司、丙公司和丁公司承担责任

抵押人死亡，抵押借款合同还有效吗？

案例实录

张某与妻子经营了一家 24 小时营业的超市。半年前，张某和妻子开着小货车进货时发生交通事故，双双离世。张某与妻子只有一个大学刚毕业的儿子小张。小张料理完父母的丧事后，强打着精神经营父母留下的超市，他觉得这是父母这些年来的心血，自己一定要好好经营。上周，张某的好友刘某找到小张，拿出一份与张某夫妻二人签订的抵押借款合同。该合同约定张某夫妻二人将现有住房抵押给刘某，刘某借给张某夫妻 25 万元，借款期限为一年。刘某表示此合同早就到期了，但考虑到张某夫妻刚过世，遂直到现在才找到小张。小张看着有父母签名的合同书不知道该怎么办。那么，在抵押人张某夫妻二人均去世的情况下，此合同还有效吗？

律师分析

此抵押借款合同当然有效。根据《城市房地产抵押管理办法》第二十四条第二款的规定，抵押人死亡、依法被宣告死亡或者被宣告失踪时，其房地产合法继承人或者代管人应当继续履行原抵押合同。就本案来说，在抵押人张某和妻子均死亡的情况下，小张作为唯一的合法继承人继承了父母留下的房产，那么他同时也有义务继续履行原抵押合同。

法条链接

《城市房地产抵押管理办法》

第二十四条第二款 抵押人死亡、依法被宣告死亡或者被宣告失踪时,其房地产合法继承人或者代管人应当继续履行原抵押合同。

温馨提示

在抵押人死亡,抵押权人又主张债权或是抵押权的情况下,抵押人的财产继承人有义务继续履行抵押合同,但是一定要注意核实合同签字的真伪、打款凭证、抵押是否进行登记等情况。如果对合同的真伪存有疑虑,可以不履行该合同,等抵押权人向法院起诉主张权利时,由法院进行裁决。

自测小题

选择题:出现以下哪些情形时,抵押权人有权要求处分债务人抵押的不动产?(　　)①

A. 债务履行期满,抵押权人未受清偿,债务人又未能与抵押权人达成延期履行协议

B. 抵押人死亡(宣告死亡),无人代为履行到期债务

C. 抵押人的合法继承人、受遗赠人拒绝履行到期债务

D. 抵押人被依法宣告解散或者破产

---

① 解答:ABCD。

房产抵押合同发生变更，是否应到原登记机关办理变更登记？

案例实录

沈某夫妇都是摄影师，两人经过协商后，准备成立一家影楼。作出该决定以后，沈某夫妇便开始筹措资金，但是因为筹集到的资金有限，便打算向银行贷款。沈某夫妇的贷款申请得到了某商业银行的批准，他们以自家两居室的住房做抵押，自该商业银行贷款12万元，贷款期限为五年，并办理了抵押登记手续。后沈某夫妇想就房产抵押的期限进行变更，经与银行协商后，与银行就房产抵押合同达成了变更协议。那么，他们是否应到原登记机关办理相应的变更登记？

律师分析

沈某夫妇应当与银行签订书面的房产抵押合同。合同签订后，双方应当按照《城市房地产抵押管理办法》第三十条的规定，到房地产所在地的房地产管理部门办理房地产抵押登记。合同双方当事人就抵押合同达成变更协议的，根据《城市房地产抵押管理办法》第三十五条的规定，抵押合同发生变更或者抵押关系终止时，抵押当事人应当在变更或者终止之日起15日内，到原登记机关办理变更或者注销抵押登记。所以，沈某夫妇与银行就房产抵押合同达成变更协议后，应当在规定的期限内带着相关材料到原登记机关办理变更登记。

法条链接

《城市房地产抵押管理办法》

第三十条 房地产抵押合同自签订之日起30日内，抵押当事人应当到房地产所在地的房地产管理部门办理房地产抵押登记。

第三十五条第一款 抵押合同发生变更或者抵押关系终止时，抵押当事人应当在变更或者终止之日起 15 日内，到原登记机关办理变更或者注销抵押登记。

温馨提示

办理抵押登记后，抵押合同发生变更时，若发生变更抵押物、追加抵押物、变更抵押金额、变更抵押币种或变更抵押期限等情况，抵押人与抵押权人应提交记载变更内容的抵押公证书、原抵押合同及借款合同公证书复印件，到原登记机关办理相应的变更抵押登记。

自测小题

选择题：以不动产抵押的，抵押权自何时设立？（   ）[1]

A. 借款合同生效时

B. 抵押合同生效时

C. 办理不动产抵押登记时

抵押权人处分抵押房地产时，承租人有优先购买的权利吗？

案例实录

朱某为改善生活住房条件向赵某借款 20 万元，借期为一年，双方签订了借款合同。为了保障朱某到期还款，赵某要求朱某提

---

[1] 解答：C。

供担保,朱某便将自己的一套房产抵押给赵某,并办理了抵押登记手续。抵押期间,朱某将该房屋出租给夏某,租期为两年,但并未告知夏某出租房屋设定抵押的事实。借款到期后,朱某无力偿还,在与赵某协商以后,决定将抵押房产进行变卖。找到买家后,朱某告知承租人夏某房屋将要以35万元的价格变卖给陈某。夏某听到房屋变卖的消息后,便提出要行使优先购买权,愿意以同样的价格购买该房产。那么,抵押权人处分抵押房地产时,承租人有优先购买的权利吗?

律师分析

夏某有权行使其对承租房屋的优先购买权。所谓承租人的优先购买权,是指在出租人出卖租赁房屋的情形下,承租人有权在同等条件下优于第三人行使购买的权利。根据《城市房地产抵押管理办法》第四十二条的规定,抵押权人处分抵押房地产时,应当事先书面通知抵押人;抵押房地产为共有或者出租的,还应当同时书面通知共有人或承租人;在同等条件下,共有人或承租人依法享有优先购买权。因此,承租人有获得事先通知和在同等条件下优先购买的权利。本案中,承租人夏某有权以35万元的价格优先购买该房屋。

法条链接

《城市房地产抵押管理办法》

第四十二条 抵押权人处分抵押房地产时,应当事先书面通知抵押人;抵押房地产为共有或者出租的,还应当同时书面通知共有人或承租人;在同等条件下,共有人或承租人依法享有优先购买权。

💡 温馨提示

承租人的优先购买权应当在合理期限内主张,如果在出租人履行通知义务后,承租人应当在 15 日内明确表示是否行使优先购买权。需要注意的是,承租人的优先购买权是以同等条件为权利行使的必备要件。

⏱ 自测小题

选择题:出现以下哪些情形时,承租人不再享有优先购买的权利?(   )[①]

A. 房屋按份共有人行使优先购买权

B. 出租人将房屋出卖给近亲属

C. 出租人履行通知义务后,承租人在 15 日内未明确表示购买

抵押权实现后,办理产权变更手续是否有时间限制?

▶ 案例实录

某特种养殖繁育基地因资金短缺自孙某处借款 20 万元。为保证该基地能够顺利还款,孙某要求其提供房产抵押担保。经双方协商,该基地以其办公楼作为抵押向孙某借款 20 万元,并办理了抵押登记手续。后该基地因养殖方法有误,饲养的动物大批量死亡,导致无力偿还孙某的借款。双方经过协商后,均同意将抵押

---

① 解答:ABC。

的办公楼变卖。最终,办公楼顺利被变卖。那么,抵押权实现后,办理产权变更手续是否有时间限制呢?

律师分析

抵押权实现后,就变卖的房产应当办理产权变更手续。依据《城市房地产抵押管理办法》第三十五条第二款的规定,因依法处分抵押房地产而取得土地使用权和土地建筑物、其他附着物所有权的,抵押当事人应当自处分行为生效之日起30日内,到县级以上地方人民政府房地产管理部门申请房屋所有权转移登记,并凭变更后的房屋所有权证书向同级人民政府土地管理部门申请土地使用权变更登记。

法条链接

《城市房地产抵押管理办法》

第三十五条第二款 因依法处分抵押房地产而取得土地使用权和土地建筑物、其他附着物所有权的,抵押当事人应当自处分行为生效之日起30日内,到县级以上地方人民政府房地产管理部门申请房屋所有权转移登记,并凭变更后的房屋所有权证书向同级人民政府土地管理部门申请土地使用权变更登记。

温馨提示

抵押权人因依法处分抵押物而得以实现抵押权时,抵押权自然消灭。抵押当事人不仅应自处分行为生效之日起30日内,到县级以上地方人民政府房地产管理部门申请房屋所有权转移登记,还应及时到原登记机关办理抵押权注销手续。

自测小题

判断题：设定土地使用权的抵押权后，债务人未履行债务清偿义务的，债权人（抵押权人）可以直接拿着抵押合同和抵押登记手续到有关部门办理土地使用权变更登记。（ ）[1]

即将拆迁的房屋能进行抵押吗？

案例实录

周某的父母相继过世，给他留下了市郊的一座小宅院。几年前，政府决定将市郊的几个村子征收平改，周某的老家就在征收范围内，但是他所在的村属于二期工程，预计三年后动工。年底，周某接到了一个工程，手头的资金不够了，就想向朋友高某借20万元。高某要求必须提供抵押或担保，周某就以父母留下的四间平房及院落进行了抵押。之后双方签订了抵押借款合同，高某通过银行转账向周某交付了20万元借款。但双方因为各种原因一直未能到有关部门办理抵押登记手续。后来高某跟随朋友到周某老家游玩，才知道周某抵押给自己的平房已经被列入拆迁计划。那么，即将拆迁的房屋能进行抵押吗？

律师分析

被国家征收的土地，其权属性质发生了变化，即由集体土地变更为国有土地。而且即将拆迁平改的房屋价值是不确定的。根

---

[1] 解答：错误。

据《城市房地产抵押管理办法》第八条的规定,已依法公告列入拆迁范围的房地产不得设定抵押。本案中,在周某向高某抵押借款之前,该平房就已经属于拆迁范围了,根据上述法律规定,周某是不能以此平房作为抵押向高某借款的。

法条链接

《城市房地产抵押管理办法》

第八条 下列房地产不得设定抵押:

……

(四)已依法公告列入拆迁范围的房地产;

……

温馨提示

在进行抵押借款时,抵押权人一定要核实土地性质,及时办理抵押登记手续。如果抵押人用即将拆迁的房屋进行抵押,应及时要求抵押人变更抵押物或是另行提供抵押物。

自测小题

选择题:抵押担保期间,抵押财产被依法征收,抵押权人可以就获得的保险金、赔偿金或者补偿金等优先受偿吗?( )①

A. 不可以

B. 可以

---

① 解答:B。

抵押人擅自以赠与方式处分抵押房产的行为是否有效？

案例实录

王某向李某提出借款 10 万元的请求，并提出愿意用其自住的房屋作抵押。李某认真考虑之后，同意了王某的借款请求。双方签订了借款期限为一年的抵押借款协议，并到相关部门办理了抵押登记手续。借款即将到期之时，李某偶然得知，王某将抵押房屋擅自赠与了其妹妹王某某。李某遂找到王某要求其撤销该赠与行为，而王某却认为抵押协议中并未约定限制抵押人赠与房屋，他是抵押房屋的所有权人，可以自由处分房屋。那么，王某在没有告知李某的情况下，擅自将抵押房屋赠与其妹妹的行为有效吗？

律师分析

案例中王某的擅自赠与行为有效。根据《民法典》第四百零六条的规定，抵押期间，抵押人转让抵押财产不受限制。但是该行为不得损害抵押权，否则抵押权人可以请求抵押人将转让所得的价款向抵押权人提前清偿债务或者提存。本案中，如果王某的擅自赠与行为将对李某债权的实现造成危害，根据上述法律规定，李某可以要求王某提前清偿债务。

法条链接

《中华人民共和国民法典》

第四百零六条　抵押期间，抵押人可以转让抵押财产。当事人另有约定的，按照其约定。抵押财产转让的，抵押权不受影响。

抵押人转让抵押财产的，应当及时通知抵押权人。抵押权人能够证明抵押财产转让可能损害抵押权的，可以请求抵押人将转让所得的价款向抵押权人提前清偿债务或者提存。转让的价款超过债权数额的部分归抵押人所有，不足部分由债务人清偿。

💡 温馨提示

在抵押权存续期间，抵押人可以依法处分抵押物，但是该行为不能损及抵押权人的抵押权。

⏱ 自测小题

选择题：邱某将汽车抵押给马某，二人未就抵押物的转让事项进行特别约定。抵押权存续期间，马某未经邱某同意将汽车转让给万某，其与万某的转让合同效力是怎样的？（　　）①

A. 有效

B. 无效

C. 可撤销

抵押人与抵押权人就抵押房产的处分方式有争议时，如何处理？

▶ 案例实录

某建筑工程安装有限责任公司承建了一个大型住宅小区项目，在建设初期需要垫付一大笔资金。于是，该建筑公司向某建设银行贷款500万元，还款期限约定为一年。该建筑公司以公司办公

---

① 解答：A。

楼进行抵押,并办理了抵押登记手续。借款到期后,因房地产公司未按约定支付该建筑公司的工程款,导致建筑公司无力偿还银行贷款。银行要求变卖抵押财产以偿还到期债务,而该建筑公司则要求以拍卖即以公开竞价的方式出卖抵押物。那么,当抵押人与抵押权人就抵押房产的处分方式有争议时,该如何处理呢?

律师分析

抵押权人可以向法院提起诉讼。所谓变卖是指在抵押人不履行到期债权时,抵押当事人双方协议将抵押财产出卖,并以出卖所得价款偿还到期债务。该种方式简便易行、省时省力,但难以保证实现抵押物价值的最大化。拍卖是以公开竞价的方式出卖标的物,利于维护抵押人的财产权益。当当事人双方出现《城市房地产抵押管理办法》第四十条规定的情形,且在处分方式方面难以协商一致时,根据该法第四十一条之规定,协议不成的,抵押权人可以向人民法院提起诉讼。据此,案例中的某建设银行作为抵押权人可以向法院提起诉讼以维护其财产权益。

法条链接

《城市房地产抵押管理办法》

第四十条 有下列情况之一的,抵押权人有权要求处分抵押的房地产:

(一)债务履行期满,抵押权人未受清偿的,债务人又未能与抵押权人达成延期履行协议的;

(二)抵押人死亡,或者被宣告死亡而无人代为履行到期债务的;或者抵押人的合法继承人、受遗赠人拒绝履行到期债务的;

（三）抵押人被依法宣告解散或者破产的；

（四）抵押人违反本办法的有关规定，擅自处分抵押房地产的；

（五）抵押合同约定的其他情况。

第四十一条　有本办法第四十条规定情况之一的，经抵押当事人协商可以通过拍卖等合法方式处分抵押房地产。协议不成的，抵押权人可以向人民法院提起诉讼。

温馨提示

拍卖抵押物相对于变卖抵押物或者抵押物折价等其他变卖形式来说，更能切实保护债务人的合法权益，同时也能最大限度地实现债权人的担保债权。抵押人、抵押权人和法院都可以成为拍卖的委托人，但是抵押权人或抵押人做委托人时，双方需要达成协议。

自测小题

选择题：成都市武侯区的马某将其位于广安市广安区的房产抵押给了深圳市罗湖区的高某，后二人在合同履行过程中发生纠纷，高某欲起诉马某，其应当向哪个地方的法院提起诉讼？（　　）①

A. 成都市武侯区人民法院

B. 广安市广安区人民法院

C. 深圳市罗湖区人民法院

---

① 解答：B。

抵押房产所得价款不足以清偿债务时，抵押权人是否还有权向债务人追索？

▶ 案例实录

某家具公司以流动资金短缺为由向某银行申请300万元贷款，以商品房作抵押。该银行向其发放了300万元贷款，贷款期限为一年，由该家具公司提供房产抵押，并办理了房产抵押登记手续。贷款到期后，该家具公司因经营滑坡，无法偿还贷款。因家具公司与发放贷款的银行就抵押物的处分方式达不成一致意见，故发放贷款的银行向法院申请行使抵押权。抵押房产经依法拍卖后，最终得款270万元，不足以清偿银行贷款。那么，该银行是否有权向债务人追索剩余的30万元？

○ 律师分析

该银行有权继续要求债务人偿还剩余的30万元欠款。《城市房地产抵押管理办法》第四十七条第二款规定，处分抵押房地产所得价款不足以清偿债权额时，剩余部分仍由债务人清偿。就本案而言，银行有权要求某家具公司偿还剩余的30万元欠款。

⚙ 法条链接

《中华人民共和国民法典》

第四百一十三条　抵押财产折价或者拍卖、变卖后，其价款超过债权数额的部分归抵押人所有，不足部分由债务人清偿。

《城市房地产抵押管理办法》

第四十七条第二款　处分抵押房地产所得金额不足以支付债

务和违约金、赔偿金时，抵押权人有权向债务人追索不足部分。

💡 温馨提示

抵押人如果不依合同约定期限履行债务，抵押权人在对抵押财产行使抵押权之前，也可选择以普通债权人的身份对抵押人的其他财产提出清偿要求。债权人受清偿后，抵押权消灭，其抵押财产也就成为债务人清偿其他债务的财产；如其他财产不能清偿债务，抵押权人可要求行使抵押权。

⏱ 自测小题

选择题：卓某对林某负有数笔借款债务，但是卓某的给付不足以清偿全部债务，且卓某在清偿债务时未说明其清偿的是哪笔债务，二人也没有约定清偿顺序。请问，关于卓某的清偿行为，下列说法正确的有哪些？（　　）[1]

A. 如果仅有一项债务到期，视为卓某清偿的是该项已到期的债务

B. 如果有数项债务到期，视为卓某清偿的是没有担保或担保最少的债务

C. 如果有数项债务到期，且各项债务均无担保或担保相等，视为卓某清偿的是其负担较重的债务

D. 如果数项债务的到期时间相同，视为卓某按债务比例履行

---

[1] 解答：ABCD。

第六章

质押担保

质押担保是否必须签订书面合同？

▷ 案例实录

退休多年的杨某夫妇到杭州旅游，在两人收拾行李准备赶飞机回家时，妻子张女士突发疾病晕倒在地。杨某手中剩余的钱已不多，随身值钱的东西就只有在杭州买的一件古玩和一部手机。无奈之下，杨某只好向酒店老板借款，并称可将其所有的价值1.5万元的古玩押在酒店，等到家人汇钱过来立即提现金赎回古玩。酒店老板也是个喜好收藏的人，见古玩成色不错，就答应了杨某的请求，拟借款1万元人民币。此外，酒店老板还要求杨某必须与自己签订质押借款合同。杨某救人心切，觉得两人已经说得很清楚了，完全没必要签订书面合同。那么，质押借款是否必须签订书面合同呢？

○ 律师分析

依据《民法典》第四百二十七条第一款的规定，设立质权，当事人应当采取书面形式订立质押合同。据此，杨某必须与酒店老板签订质押合同，即便情况紧急也应依法行事。依据该条第二款的规定，质押合同一般包括被担保债权的种类和数额，债务人履行债务的期限，质押财产的名称、数量，担保的范围，以及质押财产交付的时间等。杨某与酒店老板签订合同时，需要注意是否约定了这些合同条款，以确保约定明确，避免产生其他纠纷。

法条链接

《中华人民共和国民法典》

第四百二十七条　设立质权，当事人应当采用书面形式订立质押合同。

质押合同一般包括下列条款：

（一）被担保债权的种类和数额；

（二）债务人履行债务的期限；

（三）质押财产的名称、数量等情况；

（四）担保的范围；

（五）质押财产交付的时间、方式。

温馨提示

合同的形式包括口头形式、书面形式和电子数据等其他形式。法律要求出质人与质权人以书面形式订立质押合同，是为了避免当事人产生"无权占有、不当得利"等法律纠纷，避免维权过程中受到举证问题的阻碍，更好地保证合同顺利履行。

自测小题

选择题：质权自什么时候设立？（　　）[①]

A. 质押合同成立时

[①] 解答：C。

B. 办理质押登记时
C. 交付质物时

商标专用权能否作为质押物呢？

▷ 案例实录

某电器制造有限责任公司的"绿之心"注册商标早在10年前就获得了某省著名商标的称号，在后来的发展中，该电器制造有限责任公司始终充分利用自己的品牌优势，赢得了良好的社会效益和经济效益。但由于资金方面的限制，公司的整体规模一直没能得到很大的扩展，企业发展遭受阻碍。为成功申请银行的200万元贷款，该电器制造有限责任公司以自有的商标专用权作质押担保。申办银行对此项商标专用权的担保格外小心谨慎，多次组织实地考察，这让该电器制造有限责任公司对此项质押担保的可行性产生了一定的疑虑。那么，商标专用权能否作为质押物呢？

◯ 律师分析

本案中，某电器制造有限责任公司以自有的著名商标称号提供质押担保，以求解决公司面临的资金困境，实现长足发展。这种质押担保的实践相对较少，根据《民法典》第四百四十条的规定，债务人或者第三人对可以转让的注册商标专用权、专利权、著作权等知识产权中的财产权可以出质。由此可知，注册商标专用权等知识产权属于可以质押担保的范畴。本案中，某电器制造有限责任公司对质押商标已经进行了注册，且该商标被评为某省著名商标,具有一定的价值。某电器制造有限责任公司对该商标的专用权享有处分权,因此其可以用该商标的专用权设定质押担保。

法条链接

《中华人民共和国民法典》

第四百四十条 债务人或者第三人有权处分的下列权利可以出质:

……

(五)可以转让的注册商标专用权、专利权、著作权等知识产权中的财产权;

……

温馨提示

商标专用权具有可质押属性。这种质押属于权利质押。一般而言,商标的持有人依法在其拥有的注册商标专用权上设定质押权的,应该遵循法律对权利质押方面的一般性规定,质押担保法律关系双方应当订立商标专用权质押合同。但是,仅此还不足以使担保行为生效,当事人还需在质押合同订立后,到商标局办理商标专用权质押登记手续。自登记之日起,商标专用权质权方才设立。

自测小题

选择题:以注册商标专用权出质的,质权自何时设立?( )[1]

---

[1] 解答:A。

A. 办理出质登记时

B. 签订质押合同时

C. 转移注册商标专用权证书时

提单的兑现日期先于银行主债权到期的,该如何处理?

▷ 案例实录

某科技创意公司是一家经营创意电子玩具的企业,由于产品研发与市场的发展出现脱节,产品一时出现严重滞销。为渡过这一难关,该公司向银行申请了贷款,银行审查后要求该科技创意公司提供适当担保。某科技创意公司将本公司享有的对 C 公司的一份提单凭证交由该银行保存,银行为其提供贷款 200 万元。后来该科技创意公司发现质押给银行的提单在 2019 年 12 月 31 日就到期了,但是贷款的还款截止日期是 2020 年 4 月 30 日。该科技创意公司担心贷款到期后提单上的财产权就打了水漂儿了,觉得若是及早兑现提单,提前用所得财产清偿未到期的银行贷款本息也是不错的对策。那么,提单的兑现日期先于银行主债权到期的,该如何处理呢?

◯ 律师分析

银行作为质权人可以提前兑现提单。本案涉及的是权利质押的法律问题,所谓权利质押,是指以所有权之外的财产权为标的物而设定的质押。权利质押主要以债权、股东权和知识产权中的财产权利作为质押物。根据《民法典》第四百四十二条的规定,如果权利兑现的日期先于主债权到期的,质权人可以要求兑现或者提货，当事人可以协商将兑换的价款或提取的货物提前清偿债权或者提存。据此，本案中，银行可以提前兑现提单，并用兑现后所得价款提前清偿贷款。

法条链接

《中华人民共和国民法典》

第四百四十二条 汇票、本票、支票、债券、存款单、仓单、提单的兑现日期或者提货日期先于主债权到期的，质权人可以兑现或者提货，并与出质人协议将兑现的价款或者提取的货物提前清偿债务或者提存。

温馨提示

一般情况下，当借款人没有依法履行合同时，依约定贷款人可直接将提单兑现来实现担保权。但更多的时候是提单期限与借款的到期时间不一致，提单到期日晚于借款到期日的，贷款人可继续保管质押提单，在提单到期日兑现以实现质权；提单到期日先于借款到期日的，也就是本案例中的情况，质权人可先行兑现提单，将所得价款用于贷款清偿事宜或提存。

自测小题

选择题：票据上的日期可以更改吗？更改后还有效吗？（   ）[①]

A. 可以，以更改后的日期为准

B. 不可以，以更改前的日期为准

C. 不可以，更改后票据无效

[①] 解答：C。

用自购基金进行质押，是否具有法律效力？

案例实录

经朋友介绍，老李开始购买基金，之后的一段时间内，这支基金的累计净值从购入时的 1.16 元升到了 1.2 元，账面利润很可观。为送孩子出国留学，老李把多年积攒的钱都取了出来，但还是不够。面对大好的留学机会，老李打算用基金办理质押贷款，但是银行审查后称基金不能办理质押，令老李大失所望。情急之下，老李只好办理了基金赎回，放弃了可观的投资收益。那么，是否可以用自购基金进行质押贷款呢？

律师分析

本案中，老李为筹措儿子留学的资金，不得不在基金质押贷款申请失败后，将基金变现。那么，银行的说法是否正确呢？《民法典》第四百四十条和第四百四十三条规定，债务人或者第三人有权处分可以转让的基金份额、股权的，可以转让的基金份额、股权可以出质；基金份额、股权出质后，不得转让，但经出质人与质权人协商同意的除外。由此可以看出，具有转让性的基金份额是可以作为质押物设立质押担保的，银行应在审查其真实性、合法性、可转让性等条件后，提供相应的贷款。

法条链接

《中华人民共和国民法典》

第四百四十条　债务人或者第三人有权处分的下列权利可以出质：

……

（四）可以转让的基金份额、股权；

……

第四百四十三条　以基金份额、股权出质的，质权自办理出质登记时设立。

基金份额、股权出质后，不得转让，但是出质人与质权人协商同意的除外。出质人转让基金份额、股权所得的价款，应当向质权人提前清偿债务或者提存。

温馨提示

基金财产属于信托财产，具有独立性，作为一种财产权，基金份额可以作为质押的标的。需要注意的是，质押合同在法律属性上属于实践性合同，未交付质物的，合同不发生法律效力。对于基金、股票等权利质押的情形，则以证券登记结算机构办理出质登记为要件，即采取了登记设立主义原则，以充分保护担保法律关系当事人及第三人的合法权益。

自测小题

选择题：钟某欲将自己对大胜公司10%的股权出质给罗湖公司。下列说法中哪些是正确的？（　　）①

A. 股权质权自订立质押合同时设立

B. 出质股权后，未经罗湖公司同意，钟某不得转让股权

C. 若钟某在股权出质后转让了股权，应当提前清偿其对罗湖公司的债务

---

① 解答：BC。

如何确定质权设立的时间?

▷ 案例实录

苏某经营了一家生产风干牛肉的民营企业，由于产品质量好、小包装分量足，多家批发商都抢着下订单。为提高供货能力，苏某一边组织生产，一边扩建新厂房，招聘并培训新职工，一时间资金出现了周转不开的状况。考虑到外部融资程序较为烦琐，在朋友的建议下，苏某决定向银行申请贷款。银行初步审查企业的实际需求和经营情况后，提出以企业的厂房为抵押，方能提供贷款。但是苏某觉得厂房是自己开展生产经营的基础，不宜作为抵押物，于是提出用储备风干牛肉的仓单作为质押物申请贷款。最终双方签订了借贷合同，苏某在签订合同的次日将仓单提交给了贷款银行。苏某想知道，他们的质押至此成功设立了吗？如何判定质押担保设立的时间呢？

◯ 律师分析

苏某与贷款银行之间的质押担保成立了，质押成立于签订合同的次日。所谓质权，是指债权人为了保证债权能够实现，占有债务人或者第三人提供的财产，如果债务人到期不履行债务，债权人可以就该财产的价值优先受偿的权利。根据《民法典》第四百二十九条的规定，质权设立于交付质押财产时。在权利质押的过程中，仓单是具有转让性的权利凭证，自仓单交付贷款银行之日起，质押设立成功。因此，在本案中，苏某提供的质押担保设立于签订合同的次日。

第六章 质押担保

法条链接

《中华人民共和国民法典》

第四百二十五条 为担保债务的履行，债务人或者第三人将其动产出质给债权人占有的，债务人不履行到期债务或者发生当事人约定的实现质权的情形，债权人有权就该动产优先受偿。

前款规定的债务人或者第三人为出质人，债权人为质权人，交付的动产为质押财产。

第四百二十九条 质权自出质人交付质押财产时设立。

温馨提示

在实践操作中常常有人将质押与抵押混为一谈，其实二者的区别很大，其中一点就是担保物是否需要转移占有。只有质押物在质权人的实际占有之下，质押合同才生效，占有质押标的物是质押有效存在的最显见的特征。当然，转移占有并不意味着实际占有人可以擅自使用、处分质押财产，质权人必须在占有期间履行妥善保管的义务。

自测小题

选择题：安安将自己的数码相机质押给小强作为担保，关于本案，下列说法正确的是？（ ）[1]

A. 安安和小强应当到有关部门办理质押登记，否则无法设立质权

B. 安安不需要将相机交付给小强

C. 收到相机后，小强应当妥善保管，不得随意使用、处分

---

[1] 解答：C。

债权人拒绝向清偿借款的质押人归还质押物，该行为是否合法？

案例实录

老刘夫妇育有一子，孩子4岁了还不会行走，经检查，孩子被确诊为小儿脑瘫，这让老刘夫妇乱了阵脚。经朋友介绍，老刘夫妇得知北京有一家专治小儿脑瘫的医院。为筹措医药费，老刘的妻子将自己祖传的一对玉镯子质押给了当地做生意的张先生，从张先生手里借了5万元。老刘夫妇回到家乡后，将全部借款5万元归还给了张先生，但是张先生迟迟不肯归还玉镯子。那么，借款人老刘夫妇已清偿借款，债权人张先生仍拒绝归还质押物的行为合法吗？

律师分析

根据《民法典》第四百三十六条第一款的规定，债务人履行债务或者出质人提前清偿所担保的债权的，质权人应当返还质押财产。也就是说，老刘夫妇已经履行了债务，归还了张先生的5万元欠款，张先生就有义务将老刘夫妇质押的祖传玉镯子归还原主。否则张先生就是没有合法依据占有财产，损害老刘夫妇权利的不当得利者。《民法典》第一百二十二条规定，因他人没有法律根据，取得不当利益，受损失的人有权请求其返还不当利益。所以，张先生拒绝向已履行义务的债务人归还质押物的行为违法，老刘夫妇可以到法院起诉，要求张先生返还玉镯子。

法条链接

《中华人民共和国民法典》

第一百二十二条　因他人没有法律根据,取得不当利益,受损失的人有权请求其返还不当利益。

第四百三十六条第一款　债务人履行债务或者出质人提前清偿所担保的债权的,质权人应当返还质押财产。

温馨提示

质押在日常生活中最常见的例子就是典当,其与抵押不同的是债务人或第三人需将其财产交付给债权人,使之作为债权的担保。但是债权人只是在质押期间对质押财产享有占有的权利,债务履行期届满后,质权人没有得到债务人清偿的,质权人可以继续占有质押财产,并行使法律授予的质权。一旦债务人清偿了质押财产债权,质权人就需返还质押财产。

自测小题

选择题:老刘将玉镯子出质给张先生后,张先生随手将镯子放在木凳上,后亲戚家小孩(3岁)不慎踢倒凳子导致玉镯子被摔碎。那么,谁应当向老刘承担损害赔偿责任?(　　)[①]

A. 张先生

B. 小孩及其父母

C. 木凳厂家

[①] 解答:A。

仓单作为质押物的担保，法律效力是怎样的？

案例实录

某实业有限责任公司是国内大型鱼肉干生产民营企业，由于自有资金无法满足客户公司的合作需要，若外部融资，时间上又不允许，为解决发展瓶颈，该实业有限责任公司决定向银行申请贷款。经与贷款银行协商，该实业有限责任公司以企业储备货资的仓单作为质押物申请贷款。该银行在了解实业有限责任公司的实际需求和经营情况后，打算提供此笔贷款，但对其仓单质押效力仍有些不放心，贷款合同一时之间被搁置。那么，仓单作为质押物的担保，其效力是怎样的呢？

律师分析

根据《民法典》第四百四十条的规定，债务人或者第三人有权处分的仓单、提单可以出质。本案中，仓单是对仓库货物的证明，银行可以到申请贷款的实业有限责任公司进行核实，确认该仓单所写的内容是否真实有效，并根据市场价格对货物进行折价。如果确定无误，仓单是可以作为质押物的。

法条链接

《中华人民共和国民法典》

第四百四十条　债务人或者第三人有权处分的下列权利可以出质：

……

（三）仓单、提单；

……

💡 温馨提示

仓单是经营仓储业务的仓储方接受货主的委托,在将货物入库储放后向货主出具的存货凭证单据。一方面,仓单可以作为提货的书面证明材料,这也是仓单最原始、最基本的作用;另一方面,仓单作为具有转让性的权利凭证,具有一定的财产性,是可以依法转让或者作为质押物向银行等金融机构申请借款的,其质押担保在市场经济中的适用也越来越广泛。

⏱ 自测小题

选择题:以仓单出质的,质权自何时设立?( )①

A. 自合同成立时

B. 自办理出质公证时

C. 自交付权利凭证时,如没有权利凭证,自办理出质登记时

非因质权人管理不善,质押物面临损毁风险的,应如何处理?

▶ 案例实录

刘某长期跑运输,在南北方之间换购货物,再到异地高价出售以获取差价。上个月,刘某刚刚购置了一批山核桃,但在运输过程中不小心撞伤了一位老人。刘某随身携带的现金已经全部用于购买货物,没有钱送老人就医诊治。情急之下,刘某只好向当地的朋友老孙借款1万元,并将整车核桃质押给老孙。不料赶上

---

① 解答:C。

梅雨季节，天气湿热，风速小，核桃逐渐出现受潮变质的现象。老孙立马通知刘某，要求他取走货物，并提供新的担保，却遭到刘某的拒绝。老孙只好把核桃变卖了，将全部变卖款提存到了当地提存机关。那么，老孙的对质押物的处理合法吗？

律师分析

老孙的做法是符合法律规定的。《民法典》第四百三十三条规定，因不可归责于质权人的事由可能使质押财产毁损或者价值明显减少，足以危害质权人权利的，质权人有权要求出质人提供相应的担保；出质人不提供的，质权人可以拍卖、变卖质押财产，并与出质人通过协议将拍卖、变卖所得的价款提前清偿债务或者提存。本案中，作为质押物的核桃在梅雨季节受潮变质而导致价值减少，足以危害老孙质权的实现，而且出质人刘某拒绝更换担保物，致使老孙权益保障面临风险，因此老孙的变卖行为是合法的。

法条链接

《中华人民共和国民法典》

第四百三十三条　因不可归责于质权人的事由可能使质押财产毁损或者价值明显减少，足以危害质权人权利的，质权人有权请求出质人提供相应的担保；出质人不提供的，质权人可以拍卖、变卖质押财产，并与出质人协议将拍卖、变卖所得的价款提前清偿债务或者提存。

温馨提示

为避免转移占有的标的物面临不当的贬损风险，法律规定了质权人负有妥善保管质押财产的义务,并且要求质权人不得随意使用质押物。但是,质权人的保管义务并不是无限扩大的,考虑到质押物本身的属性特征及质权人管理能力水平的局限性,对于确实难以存放的质押物,质权人有权寻求出质人的相应担保或采取其他有利于质权实现的措施,以平衡质权人的善良管理风险。

自测小题

选择题:质权人在质权存续期间,不慎将质物摔坏。下列说法正确的是(　　)[1]

A. 质权人需要承担损害赔偿责任

B. 质权人有权要求出质人另行提供相应的担保

C. 出质人(债务人)不必履行债务清偿义务

先设定的抵押权是否优先于后设定的质权?

案例实录

孙先生长期经营着一家小餐馆,基本能够供养一家三口。但是儿子小孙读大学三年级时,孙先生经营的餐馆进入了低谷期。为支付儿子的学费及生活费,孙先生向季先生借款2万元,双方约定:孙先生以其所有的一对古董花瓶作为抵押,还款日期为2020年12月,双方未进行抵押登记。屋漏偏逢连夜雨,孙先生的妻子因长期焦虑而卧床不起,为筹措医疗费,孙先生只好又向张

---

[1] 解答:A。

某借款 2 万元,并将古董花瓶质押给了张某。孙先生当场交付了花瓶,双方约定还款日期为 2021 年 1 月。孙先生借款期满未能清偿张某的借款,张某打算变卖花瓶来保证债权的实现。但是,季先生认为自己对此花瓶享有抵押权,且设定在先,理应先于张某受偿。那么,先设定的抵押权是否优先于后设定的质权受偿呢?

律师分析

案例中的季先生不能优先于张某受偿。抵押效力根据抵押标的物性质的不同可分为登记生效模式和登记对抗模式,对于将古董花瓶作为抵押物的情形,根据《民法典》第四百零三条的规定,并不需要进行强制性的抵押登记,属于登记对抗模式的担保。因此,当孙先生与季先生签订抵押借款合同时,抵押便已生效。但孙先生又将该花瓶质押给了张某,情况就发生了变化。由于张某在接受质押担保之前并不知道该花瓶已经被抵押给了其他人,并基于质押担保的合意占有了花瓶,质押的合同便发生了法律效力。《民法典》第四百一十五条规定:"同一财产既设立抵押权又设立质权的,拍卖、变卖该财产所得的价款按照登记、交付的时间先后确定清偿顺序。"综上所述,一方面,当事人未办理抵押物登记的,不得对抗第三人。另一方面,同一财产上同时设立了抵押权和质权的,按照权利登记、交付的先后顺序清偿。因此,本案当中抵押权虽然设立在先,但是并未登记,不具有对抗第三人的效力,也就无法对抗后设立的质押权。

第六章 质押担保

法条链接

《中华人民共和国民法典》

第四百零三条 以动产抵押的,抵押权自抵押合同生效时设立;未经登记,不得对抗善意第三人。

第四百一十五条 同一财产既设立抵押权又设立质权的,拍卖、变卖该财产所得的价款按照登记、交付的时间先后确定清偿顺序。

温馨提示

抵押与质押作为担保的法定形式,均可以发生对标的物变价款享有优先受偿的效力,但是当同一物上既设有抵押,又设有合法的质押时,实现抵押权和质押权则会存在先后之分。对于抵押而言,登记行为能够形成对抗此后设定的担保的效力。

自测小题

选择题:秋秋为了借款,于年初将汽车抵押给了华子,未办理抵押登记。一个月后,秋秋又将汽车出质并交付给了小勇。两笔借款在当年6月到期,秋秋均未还款。那么,谁有权就变卖汽车所得的价款优先受偿?( )[1]

A. 华子

B. 小勇

C. 华子和小勇按比例获得清偿

---

[1] 解答:B。

应收账款是否能够作为质押物？

案例实录

张某和某事业单位签订了承建该单位食堂的合同，但工程完工后，该单位仅支付了部分款项。经张某多次催要，截止到半个月前，该单位仍欠工程款10万元。基于长期合作的考虑，张某也不便撕破脸，在收到该单位的一份应收账款凭证后便放松了对货款的追要。但令张某发愁的是自己雇用的农民工工资一时间没有资金支付。后来，经朋友介绍，张某打算向同乡老王借款6万元。老王要求张某提供担保，但是张某没什么可供抵押的房产、车辆，只有一张应收工程账款单。那么，应收账款能作为质押物吗？

律师分析

本案中，为解决资金困难，张某在向同乡借钱时希望能够以对某事业单位享有的应收工程账款作担保。对此，《民法典》第四百四十条明确规定，债务人或者第三人有权处分的应收账款可以出质。承建食堂完工后，张某的施工费用并未得到全部兑现，张某作为某事业单位的合法债权人，对此项应收账款享有处分权，依法可以将其作为质押物。

法条链接

《中华人民共和国民法典》

第四百四十条　债务人或者第三人有权处分的下列权利可以出质：

……

(六) 现有的以及将有的应收账款;

……

💡 温馨提示

应收账款是指经营者在销售、提供服务的过程中被购买商品或服务的单位所占用的款项。一般来说,经营者在商业活动过程中,都会要求使用"一手交钱,一手交货"的即时付款供货方式,但是在长期合作伙伴之间也会采取更为变通的方式,即先提供商品或服务,购货商采取赊销手段,完成交易。这是在市场竞争中,保证质量与价格不落后于同类经营者的前提下,扩大市场交易份额的重要手段。

⏱ 自测小题

选择题:应收账款出质之后,是否可以转让?(　)[①]

A. 出质人可以随意转让

B. 除非出质人与质权人协商同意,否则不得转让

C. 除非出质人提前清偿债务,否则不得转让

用知识产权作质押,该质押自何时起生效?

▷ 案例实录

张某是某热销的科幻系列丛书的作者,其所创作的作品引起了一阵风潮,深受青少年读者的喜爱,常常占据各大主流文学网

[①] 解答:B。

站的首页。受到当下将文学作品改编成电影风潮的影响,张某也决定将自己的一部受热捧的著作拍成影视作品投入市场。但是,打造一部精致电影的成本很高,张某在投入自己全部的著作权收入之后,资金仍然不足。经过深思熟虑后,张某打算将另一部同样畅销的言情小说的著作权的财产权作为质押,向银行贷款200万元。银行对该书的市场价值进行了评估,并核实了该书的著作权归属。之后,银行与张某签订了书面合同,向张某提供了200万元的贷款。那么,张某用自己的知识产权作质押,该质押自何时起正式生效?

律师分析

根据《民法典》第四百四十四条第一款的规定,以注册商标专用权、专利权、著作权等知识产权中的财产权出质的,质权自在有关主管部门办理出质登记时设立。本案中,张某与银行订立了合同,质押并不自然生效,需得双方到有关主管部门进行出质登记的办理,待相关手续履行完毕,质押方可生效。

法条链接

《中华人民共和国民法典》

第四百四十四条 以注册商标专用权、专利权、著作权等知识产权中的财产权出质的,质权自办理出质登记时设立。

知识产权中的财产权出质后,出质人不得转让或者许可他人使用,但是出质人与质权人协商同意的除外。出质人转让或者许可他人使用出质的知识产权中的财产权所得的价款,应当向质权人提前清偿债务或者提存。

💡 温馨提示

考虑到知识产权形式存在的特殊性，以及对知识产权的有效保护，法律规定了以知识产权作为质押的，质押并不因合同的成立而当然成立，需要合同双方到有关主管部门办理出质登记，此时出质方得生效，质权成立。所以，在设立质押的过程中，质权人一定要牢记法律的规定，及时办理相关的出质登记手续，防止自己权利受损。

⏱ 自测小题

选择题：知识产权中的财产权出质后，出质人可以转让或许可他人使用吗？（　）[1]

A. 可以许可他人使用但不得转让

B. 可以转让但不得许可他人使用

C. 经当事人协商同意后，既可以转让也可以许可他人使用

在规定流质条款的情况下，质权人如何受偿？

▶ 案例实录

李某大学毕业后开始创业，由于资金短缺向张某借款20万元，约定借期两年，年利率为4.75%。张某要求李某提供担保，因此李某将其名下的汽车质押给张某。双方签订了质押合同，合同中约定，李某在两年后如果未将借款全部还完则该汽车直接归

---

[1] 解答：C。

张某所有。签订合同后，李某将汽车交付给了张某并办理了质押登记。两年后，李某未能偿还借款。因此，张某主张汽车归自己所有，该主张能否得到法律支持？

律师分析

李某向张某借款20万元，并将自己名下的汽车质押给张某以此来担保张某债权的实现。质押属于法定的担保方式，其目的是担保债务的履行。质权的设立除签订质押合同外，还需要转移动产的占有。也就是说，本案中，在李某将汽车转移给张某占有时质权才设立。同时，本案双方当事人在质押合同中约定，如果李某两年后未能清偿借款，则该汽车直接归张某所有。该约定属于流质条款，根据《民法典》第四百二十八条的规定，张某不能直接根据该约定取得汽车的所有权，而是需要按照法定方式对该汽车优先受偿。根据《民法典》第四百三十六条的规定，实现优先受偿的法定方式包括质权人与出质人协议以质押财产折价，以及对该汽车进行拍卖、变卖。因此，张某不能直接取得该汽车的所有权，但可以与李某协议就该汽车进行折价，或者申请法院对该汽车进行拍卖或者变卖，以此来实现自己的债权。

法条链接

《中华人民共和国民法典》

第四百二十八条 质权人在债务履行期限届满前，与出质人约定债务人不履行到期债务时质押财产归债权人所有的，只能依法就质押财产优先受偿。

第六章 质押担保

💡 温馨提示

公平原则是民法的基本原则,该原则要求民事主体在从事民事活动时要合理确定各方的权利和义务。质押合同中的流质条款,很有可能是在债务人处于经济穷困或者对质押财产的价值有重大误解等不利地位时,债权人利用其优势地位使得债务人被迫与其签订,从而获得与其债权不匹配的财产价值。因此,为了保护债务人的权益,质押条款不能产生质权人直接取得质押财产所有权的法律效果。

⏲ 自测小题

判断题:约定了流质条款的,等于没有质权存在。( )①

因质权人不用心看管可能导致质押物受损,如何处理?

▶ 案例实录

伍某在市中心经营着一家销售家用电器设备的商铺,生意一直以来都不错。正巧在刚进了一批厨卫电器之后,伍某的父亲病倒住院治疗,伍某这时已没有足够的现款用以支付医疗费用。情急之下,伍某向相邻商铺的胡某借款2万元,并提出用自己最新的这批厨卫电器作抵押,胡某同意并且与伍某签订了借款与抵押合同。一个星期后,朋友贾某在看望伍父时向伍某谈及,对于伍某质押给胡某的那批厨卫电器设备,胡某只是随地摆放,并没有

---

① 解答:错误。

精心看管，很有可能造成损坏。伍某得知后，担心设备损坏，即使将来赎回也不能卖出。那么，面对质押物可能被损坏的局面，出质人伍某有何办法来解决呢？

律师分析

《民法典》第四百三十二条第二款规定，质权人的行为可能使质押财产毁损、灭失的，出质人可以要求质权人将质押财产提存，或者要求提前清偿债务并返还质押财产。在本案中，伍某觉得自己质押在胡某处的电器设备有面临损坏的风险，根据法律规定，他可以要求质权人胡某将质押物进行提存，或者可以向胡某提出提前偿还借款，并要求胡某返还自己的质押财产，具体做法主要取决于出质人伍某当时的经济状况。

法条链接

《中华人民共和国民法典》

第四百三十二条　质权人负有妥善保管质押财产的义务；因保管不善致使质押财产毁损、灭失的，应当承担赔偿责任。

质权人的行为可能使质押财产毁损、灭失的，出质人可以请求质权人将质押财产提存，或者请求提前清偿债务并返还质押财产。

温馨提示

质权人负有妥善保管质押物的责任。为了避免质押物的损坏或者灭失，维护出质人的合法权益，法律规定在质押物可能面临损毁或者灭失时，出质人有权要求质权人对质押物进行提存，或者要求提前清偿债务并返还质押财产。所以在现实生活中，出质人应当时刻关注自己出质财产的状况，及时运用法律武器保护自己的合法利益。

自测小题

判断题：质权人未能妥善保管质物导致质物损坏，债务履行期限届满前，出质人可以与质权人协商约定质物所有权直接归质权人所有，以冲抵债权债务。（　）[①]

擅自转质致财产受损的，出质人该如何维权？

案例实录

苏某退休后，喜欢用收藏古玩书画来消磨时间。最近，苏某的儿子开办的民营企业遭遇了重大困难，资金链断裂，只得向苏某求助。苏某为给孩子筹措经营资金，除了拿出自己多年的存款，还四处向老同事们借钱，并将自己最爱的古董花瓶质押给了同事方某。后来，方某在没有征得苏某同意的情况下，将古董花瓶转质给了肖某。谁料，没过几天，肖某在陪小孙子玩耍时不小心打碎了古董花瓶，这让方某悔不当初，觉得很愧对苏某。那么，质权人擅自转质质押物并致财产受损的，出质人该如何维权？

律师分析

苏某可以向方某追究损害赔偿责任。按照《民法典》第四百三十四条的规定，质权人可以转质，但要征得原出质人的同意。如果擅自转质，造成质押物损毁、灭失的，应当承担赔偿责任。

[①] 解答：错误。

本案中，方某在未经苏某同意的情况下，擅自将质押的花瓶出质给了肖某，已经违背了质权人的法定义务，而其转质行为又导致了花瓶的损毁，因此苏某有权要求方某承担损害赔偿责任。

法条链接

《中华人民共和国民法典》

第四百三十四条 质权人在质权存续期间，未经出质人同意转质，造成质押财产毁损、灭失的，应当承担赔偿责任。

温馨提示

在担保法律关系中，出质的目的是担保债权的顺利实现，虽然债务人交付了质押物，但是债权人在此过程中只是取得对质押标的物的占有权，而非所有权，这种占有在法律角度而言只是一种事实状态。因此，未征得出质人同意，质权人是不具有任意处分、转质质押物的权利的。

自测小题

选择题：周某将自己收藏的珠宝出质给了张某，张某未经周某同意将珠宝转质给边某，后珠宝被毁损。如果周某要以出质合同纠纷为由起诉，他可以起诉谁？（　　）①

A. 张某

B. 边某

C. 张某和边某

---

① 解答：A。

没有及时拍卖质押物导致贬值，产生的损失应当由谁承担？

▷ 案例实录

张某在股市大涨之际想要加大投入，以获取更大的利润，便向从事投资担保工作的王某借款50万元。王某考量了张某的偿还能力后同意了张某的借款请求，但是为了保险起见，要求张某提供相应的担保。双方经过协商后，张某将自己收藏的一张名人的山水画质押给王某，双方签订了借款合同和质押合同。数月之后，股市大跌，张某前前后后近百万元的投资全部赔光了。张某无力偿还王某的借款，于是多次要求王某对质押的名画进行拍卖或变卖。根据当时的市场行情，张某认为如果将画作拍卖之后，除偿还欠款外自己还可以有剩余。但是王某出于占有画作的私心，迟迟未将画作进行拍卖。无奈之下，张某只得请求人民法院将画作拍卖。但是这时该画作的市场价格比原来低了近3万元。那么，画作贬值的损失应当由谁来承担？

◌ 律师分析

名画贬值的损失应由王某承担。《民法典》第四百三十七条规定，出质人有权要求质权人及时行使质权，因质权人迟延行使质权给出质人造成损失时，出质人可以要求质权人赔偿损失。在本案中，张某在无力清偿王某的欠款后，积极与王某联系要求其行使质权，但王某出于占有画作的私心而未及时行使质权，拍卖画作，从而导致画作在由人民法院拍卖时价钱比原来低了许多，因此这部分损失应当由王某承担。

法条链接

《中华人民共和国民法典》

第四百三十七条 出质人可以请求质权人在债务履行期限届满后及时行使质权；质权人不行使的，出质人可以请求人民法院拍卖、变卖质押财产。

出质人请求质权人及时行使质权，因质权人怠于行使权利造成出质人损害的，由质权人承担赔偿责任。

温馨提示

质权人的质权受到法律保护，但是出于保护出质人权利的考虑，法律要求质权人对于质权的行使应当及时。质权人怠于行使质权而造成质押物价值损失的，由质权人承担责任。这是为了保护出质人的合法财产权，同时督促质权人及时行使自己的权利。

自测小题

选择题：肖某组织了一场拍卖会，想顺便将自己出质给彭某的字画拍卖了，但是债务履行期限还没到。那么，肖某可以直接拍卖质物吗？（　　）①

A. 质物本就是肖某的财产，其随时可以拍卖

B. 债务履行期限未届满，质权人未主张行使质权，肖某不可以拍卖质物

C. 如果彭某不同意拍卖，就是怠于行使质权，肖某可以此为由自行拍卖质物

---

① 解答：B。

支票能否在担保行为中充当担保物？

▷ 案例实录

果蔬批发商孙某经多方考察，看中了一批热带水果货源，并与热带水果运营商甲公司签订了一份热带水果购销合同。但是，由于孙某现有资金不足，经双方商议可先提货，将部分款项当作借款处理，由孙某提供质押担保。孙某打算用自己享有的由乙公司提供的一张支票作为担保物，但双方对支票是否能够作为担保物产生了分歧。那么，支票是否能充当担保物呢？

律师分析

提供担保的形式不仅有我们常见的动产质押，还有权利质押类型，根据《民法典》第四百四十条的规定，债务人或者第三人有权处分的汇票、支票、本票权利可以出质。本案中，孙某是银行支票的所有者，对其钱财拥有处分权，在此情况下，该支票是可以出质的。

法条链接

《中华人民共和国民法典》

第四百四十条 债务人或者第三人有权处分的下列权利可以出质：

（一）汇票、本票、支票；

……

温馨提示

动产和权利都可以成为质押担保的合法质物,且这里的权利必须为可转让的权利,这样才能符合转移占有的出质要件要求。在形式要件方面,以汇票、支票、本票等权利进行出质的,必须签订书面合同,并交付权利凭证;没有权利凭证的,担保法律关系当事人应及时依法办理出质登记,否则将影响权利质权的生效,不利于担保法律权益的保护。

自测小题

填空题:以支票出质的,质权自_____时设立;没有_____的,质权自_____时设立。①

如何判定股权质押设立?

案例实录

某集团是一家以生产中药药妆为主的高科技公司,注册资本8000万元,旗下有一家国内A股的上市公司。为了补充流动资金,该集团欲对外进行融资,但由于集团内实物资产实力有限,实物抵押融资这条路一直没能走通。该集团在召开股东大会时,通过了以其持有的1000万股股权办理质押融资业务的决议。后该集团在某省产权交易所签订了质押融资合同,获得融资600万元。那么,双方签订书面合同后,是否表明已经设立了股权质押呢?

---

① 解答:权利凭证交付质权人;权利凭证;办理出质登记。

律师分析

本案中,某集团在融资过程中选择以股权质押的方式代替传统的实物抵押,由于股权不同于实物,其交付方式就有所不同,质押的设立要求也有特殊规定。根据《民法典》第四百四十三条的规定,以基金份额、股权出质的,质权自办理出质登记时设立。本案中,双方只是签订合同并不能设立质权,应该到有关部门办理出质登记,股权质权才能设立。

法条链接

《中华人民共和国民法典》

第四百四十三条 以基金份额、股权出质的,质权自办理出质登记时设立。

基金份额、股权出质后,不得转让,但是出质人与质权人协商同意的除外。出质人转让基金份额、股权所得的价款,应当向质权人提前清偿债务或者提存。

温馨提示

股权是股东以其出资获得的相应权利,股东在其所享有的股权上设定质押,使股权成为担保标的物,可以提升公司融资的机会,满足公司的发展需求。因此,越来越多的公司偏向于走股权质押融资之路。但是,权利的无形性决定了它不可能和实体物一样实现具体有形的转移占有。所以,法律要求通过转移凭证或者办理登记手续的做法来实现股权质押。

自测小题

选择题：以股票作为质押权的标的，自质押合同签订之日起质权生效，这个说法（　　）①。

A. 正确

B. 错误

注册商标专用权充当质押物后，还可以转让商标吗？

案例实录

某罐头制造有限责任公司的"甜心罐头"注册商标早在 10 年前就获得了某省著名商标的称号。在近两年，该公司打算扩大市场份额，进军省外市场。但由于资金方面的限制，企业发展遭受阻碍。后来，该公司决定采取质押融资的方式解决困境，以商标专用权作质押担保，获取了当地农业银行某分行的 50 万元贷款。但是，由于市场分析出现偏差，不仅拓展市场的愿景没能实现，公司原有经营也遭受了一定的打击。该公司打算将"甜心罐头"的商标转让出去，缓解一下公司的困境。那么，将注册商标专用权出质后，还可以将其转让吗？

律师分析

本案中，某罐头制造有限公司充分利用"甜心罐头"注册商标的经济效应，将其专用权质押出去，这是现代企业转变发展策

---

① 解答：B。

略的一种明智的做法。但是，质押后再擅自将注册商标转让出去的行为是不合法的。根据《民法典》第四百四十四条第二款的规定，知识产权中的财产权出质后，出质人不得转让或者许可他人使用，但经出质人与质权人协商同意的除外。出质人转让或者许可他人使用出质的知识产权中的财产权所得的价款，应当向质权人提前清偿债务或者提存。所以，本案中，在没有与银行协商的前提下，该公司将注册商标转让给他人使用的行为是违法的。

法条链接

《中华人民共和国民法典》

第四百四十四条第二款　知识产权中的财产权出质后，出质人不得转让或者许可他人使用，但是出质人与质权人协商同意的除外。出质人转让或者许可他人使用出质的知识产权中的财产权所得的价款，应当向质权人提前清偿债务或者提存。

温馨提示

债权、专利权、商标权和著作权等具有转让性的无形财产也可以成为质押的标的物。由于质权人仅在质押担保过程中取得对质押物的占有，并没有完全的处分权，所以法律允许承诺转质的存在。也就是说，在质押担保的存续期间，经质权人同意，出质人是能够以质物再次向第三人设立质押担保的。同样的，对于具有转让性的质押物也需在质押双方当事人达成一致的意思表示后，方能转让。

自测小题

选择题：甲公司将注册商标出质给乙公司，征得其同意后，又将注册商标转让给丙公司。那么，甲公司应该将转让商标所得（　　）①。

A. 用于扩大再生产

B. 与乙公司商量提前还款

C. 进行提存

D. 以上全不是

事先未约定，质押物产生的孳息该归谁所有？

案例实录

高大爷的儿子和儿媳妇常年外出打工，家中只留下高大爷和上小学的小孙女相依为命。一天，小孙女突发急病，需要紧急住院治疗。情急之下，高大爷赶忙向邻居老王一家借款5000元，并且说好了用自己养的一群羊作为质押，顺便让老王帮自己照料一下羊群。经过一个多月的悉心照顾，小孙女病愈出院，而这时高大爷的儿子也已经向家里汇了1万元用于还款和支付孩子的营养费。等到高大爷回到家，发现在其去医院陪护期间，自己养的几只母羊已经生了几只小羊。那么，质押物产生的孳息，即新生产的小羊，应当归谁所有？

---

① 解答：BC。

律师分析

新生产的小羊是高大爷质押的原有羊群所产生的孳息，即额外收益，并不等同于质押物本身。根据《民法典》第四百三十条的规定，质权人有权收取质押财产的孳息，但合同另有约定的除外。据此我们可以知道，质权人即老王收取孳息分为两种情况：第一，如果高大爷与老王事先约定老王无权收取质押物产生的孳息，那么老王即使作为质权人也不能收取；第二，如果高大爷与老王没有约定或约定不明，则老王可以收取质押物产生的孳息。但是需要说明的是，老王收取新生产的小羊的行为并不是取得了小羊的所有权，而是取得了小羊的质权，即当出质人高大爷无力偿还欠款时，老王可以将小羊进行拍卖或者变卖，据此所得的价款应优先支付因为收取行为而产生的费用，其次可用于偿还欠款。

法条链接

《中华人民共和国民法典》

第四百三十条　质权人有权收取质押财产的孳息，但是合同另有约定的除外。

前款规定的孳息应当先充抵收取孳息的费用。

温馨提示

对于质押物产生的孳息的收取权，主要依据当事人双方事前的约定。如果当事人无约定或者约定不明，即视为同意质权人进行孳息收取。收取的孳息应当先充抵因收取行为而产生的费用，在出质人偿付了各项费用之后，质权人应当依法归还孳息于出质人。所以，对于可能产生孳息的质押物而言，当事人双方应当事先进行约定，以防止产生不必要的纠纷。

自测小题

判断题：质押合同中，出质人不同意质权人收取质物孳息，那么，质权人不得收取质物的孳息。（　）[1]

---

[1] 解答：正确。

第七章

留置权

留置权在留置物丢失后还存在吗?

▷ 案例实录

陈某是一名货运个体经营户。某日,陈某接到了梁某的一个订单,要求将一批空调从河北运至河南。陈某如约将空调运至河南交给梁某后,梁某却表示不给付运费。陈某认为不妥,于是将此部分空调进行了留置。但是在回来的路上,陈某车上所载的全部空调尽数丢失。此时出现了一个问题,陈某对这批丢失的空调还继续享有留置权吗?

↻ 律师分析

《民法典》第四百四十七条第一款规定,债务人不履行到期债务,债权人可以留置已经合法占有的债务人的动产,并有权就该动产优先受偿。债权人占有债务人的财产,是留置权成立及存续的前提条件。因此,债权人没有占有债务人的财产,则无留置权可言。当留置权人对留置物的占有被剥夺时,不能以留置权为由请求返还,只能依据侵权的法律规定请求返还留置物。陈某所运载的空调被盗,留置物丢失,则陈某丧失对留置物的占有,留置权不再存在。

法条链接

《中华人民共和国民法典》

第四百四十七条 债务人不履行到期债务，债权人可以留置已经合法占有的债务人的动产，并有权就该动产优先受偿。

前款规定的债权人为留置权人，占有的动产为留置财产。

第四百五十七条 留置权人对留置财产丧失占有或者留置权人接受债务人另行提供担保的，留置权消灭。

温馨提示

行使留置权的当事人应当对留置物尽到妥善保管的义务。这有两点好处：第一，如果留置物的所有权人到期没有还清欠款，则留置权人对财产进行变卖时可以多变卖些钱来抵销留置物所有人欠自己的钱款；第二，如果留置物完好无损，那么留置权人就会一直依法享有留置权，并可以对此优先受偿，自己的欠款可以尽快得到偿还。所以，留置权人应该对留置物进行妥善保管，以免造成不必要的麻烦。

自测小题

判断题：如果留置权人因保管不善致使留置财产毁损、灭失的，应当承担赔偿责任。该说法是否正确？（　　）[1]

---

[1] 解答：正确。

债务没到履行期时，债权人可以留置债务人的物品吗？

▷ 案例实录

李某和王某约定由王某为自己保管一批彩电，保管费为3万元，保管时间是三个月，双方约定在交付彩电时由李某支付保管费。后王某得知李某的公司经济效益大幅度下滑，担心李某到期不能支付保管费，于是刚过了两个月王某就要求李某支付保管费，同时声称如果不给付保管费，自己马上就对这批彩电行使留置权。那么，王某的做法合法吗？

律师分析

王某不能对李某的彩电行使留置权，王某的做法是不符合法律规定的。根据《民法典》第四百四十七条第一款的规定，行使留置权的前提条件之一是债务人不履行到期债务。本案中，李某欠王某的保管费还没有到期，并且王某也没有确切的证据证明李某将不履行到期债务，因此不得行使留置权。

法条链接

《中华人民共和国民法典》

第四百四十七条第一款　债务人不履行到期债务，债权人可以留置已经合法占有的债务人的动产，并有权就该动产优先受偿。

温馨提示

在实践中，行使留置权时应当注意以下几个方面：（一）债权是否已届清偿期，这一点可根据双方当事人在合同中的约定来确定，若无约定，可根据当事人的催告或其他法定方式确定；（二）在债务人无支付能力时，即使债权未届清偿期，为了保护债权人的利益，亦可承认债权人的留置权；（三）债务人有抗辩权的，留置权人的债权即使已届清偿期，债权人也不可行使留置权。

自测小题

选择题：夏某到某汽修厂修车，车修好后，夏某拒绝付款。汽修厂便将车扣下不交付给夏某。从法律上讲，汽修厂行使的是什么权利？（　　）①

A. 扣押权

B. 质押权

C. 留置权

如果动产与债权债务无关，可以留置吗？

案例实录

沈某到朋友江某的汽车修理店修理汽车，但是修理完后，沈某没有付修理费就把车开走了。碍于面子，江某并没有向沈某要修理费。但是，两个星期过去了，沈某还是没有给付修理费。这时，江某就将沈某曾经骑到自己家的摩托车给扣下了，说是要行使留置权。那么，江某可以对这辆摩托车行使留置权吗？

---

① 解答：C。

律师分析

江某不享有对该摩托车的留置权。《民法典》第四百四十八条规定，债权人留置的动产，应当与债权属于同一法律关系，但是企业之间留置的除外。本案中，沈某的摩托车与汽车修理费不属于同一债权债务关系，且沈某与修理店也不是企业间的关系，因此江某不得以留置该摩托车的手段实现自己对汽车修理费的债权。

法条链接

《中华人民共和国民法典》

第四百四十八条　债权人留置的动产，应当与债权属于同一法律关系，但是企业之间留置的除外。

温馨提示

留置权产生的条件有四个：第一，留置权产生的前提必须是当事人之间存在合同关系，一方占有他方财产，并且必须是依照合同合法占有；第二，债务人所负的债务必须与被留置物有牵连关系，属于同一法律关系；第三，留置权的成立必须是债务已到清偿期，债务人未履行清偿义务；第四，留置权是法定担保物权，当事人不得自行约定留置。

自测小题

选择题：甲公司与乙公司之间有长期的经贸往来。去年，甲公司自乙公司处借款50万元，早已到期，但甲公司一直未归还。上周，乙公司一气之下留置了甲公司保管在自家仓库的相应价值

的货物。那么，乙公司的行为合法吗？（　）①

A. 合法

B. 不合法

承揽合同已经约定了不能留置，遇到不付加工费的情形还能留置吗？

案例实录

金某和林某订立了一份承揽合同，约定由金某提供木材，由林某的家具生产厂对金某交给的大批量木材进行加工。同时，合同双方约定了这批家具不适用留置的规定。到了合同约定的取货时间时，金某称自己暂时没有加工费，要过几天再付，所以林某就将家具进行了留置。令金某感到疑惑的是，虽然自己现在确实是没有支付加工费，但是当初合同已经约定这批家具不适用留置的规定了，林某这样做合法吗？

律师分析

在很多情况下，法律均规定当事人之间有约定的，从其约定，留置权的适用也是如此。根据《民法典》第四百四十九条规定，法律规定或者当事人约定此批家具不得留置的动产，不得留置。金某事先与林某约定不得适用留置权，因此，即使金某未支付加工费，林某也不得将金某的家具留置。

---

① 解答：A。

法条链接

《中华人民共和国民法典》

第四百四十九条 法律规定或者当事人约定不得留置的动产，不得留置。

温馨提示

留置权是为了保护债权人的利益而设立的，债权人对占有债务人的动产享有留置权。但是，能够进行留置的动产，必须是法律未规定或是当事人未有约定不能留置的动产。为了维护自身的合法债权，债权人应当事先明确这一点。

自测小题

选择题：下列哪些财产不得留置？（　　）[1]

A. 行纪合同中的委托物

B. 承揽合同中的定作物

C. 不动产买卖合同中的商铺

留置物的价值可以大于债权吗？

案例实录

袁某将自己的一台台式电脑（价值2000元左右）和一台笔记本电脑（价值1万元左右）都委托严某进行修理，严某修理完后通知袁某来取两台电脑，修理费共计1200元。袁某到店里后称修

---

[1] 解答：C。

电脑不用那么多钱，认为修理费太贵而拒绝支付。于是，严某将袁某的两台电脑全部留置。那么，袁某的做法是否合法？

律师分析

严某可以扣留价值2000元左右的台式电脑，但不能同时扣留两台电脑。《民法典》第四百五十条规定，如果留置财产为可分物，则留置财产的价值应当相当于债权金额。本案中，严某留置的台式电脑及笔记本电脑总计1.2万元，大大超过了1200元的债权金额，该留置行为不合法。因此，严某只能留置与他的债权金额大致相当的台式电脑，不得留置笔记本电脑。

法条链接

《中华人民共和国民法典》

第四百五十条　留置财产为可分物的，留置财产的价值应当相当于债务的金额。

温馨提示

留置权的行使会产生很多问题，所以在现实生活中，当事人在行使留置权时首先要保证自己合法占有留置物，而不是等债务人取走留置物后才想起行使权利，因为此时债权人已经丧失了留置权。当事人在行使留置权时还应当注意，如果留置财产是可分的，留置财产的价值应当相当于债务的金额，不可过分高于债务的金额。

自测小题

选择题：留置财产折价或者拍卖、变卖后，其价款不足以全

部清偿债务的，不足部分怎么办？（　　）①

  A. 视为已经清偿

  B. 重新对留置物进行折价、拍卖或变卖

  C. 由债务人清偿

因未将留置货物妥善保管而使货物受损，留置权人应该赔偿吗？

▷ 案例实录

  某玻璃杯生产厂因为产量大，仓库不够用，于是将部分玻璃杯装箱交给某保管公司保管一个月。但是，因为资金紧缺，玻璃杯生产厂一直没有向保管公司给付保管费，保管公司就对这些玻璃杯行使了留置权。后在一次冰雹天气中，因保管公司忘记将玻璃杯挪到仓库中，导致很大一部分的玻璃杯被砸碎。那么，对于被砸碎的玻璃杯，保管公司是否应该赔偿呢？

◯ 律师分析

  某玻璃生产厂未按照协议约定支付保管费，保管公司为了保障自己权利的实现，有权依法留置某玻璃生产厂的玻璃杯，但是保管公司同时也负有妥善保管留置财产的义务。依据《民法典》第四百五十一条的规定，留置权人负有妥善保管留置财产的义务；因保管不善致使留置财产毁损、灭失的，应当承担赔偿责任。本

---

① 解答：C。

案例中，某保管公司违反妥善保管的义务，致使玻璃杯毁损，应当对某玻璃生产厂承担赔偿责任。

法条链接

《中华人民共和国民法典》

第四百五十一条 留置权人负有妥善保管留置财产的义务；因保管不善致使留置财产毁损、灭失的，应当承担赔偿责任。

温馨提示

在现实生活中，很多当事人认为只要行使了留置权，留置物就可以是自己的。殊不知，法律只允许了债权人享有留置权，但是没有规定留置物的所有权已经转移。所以，从法律上来说，这还是属于他人的物品，法律只是给了你救济的权利，你应当妥善保管他人的物品。当然，妥善保管对留置权的实现也是非常有好处的。

自测小题

选择题：以下情形中，依法负有妥善保管义务的有哪些？（　　）①

A. 租赁合同中的承租人

B. 保管合同中的保管人

C. 担保物权合同中的质权人、留置权人

---

① 解答：ABC。

第七章 留置权

可以直接对不易保存的、易腐鲜活的留置物行使留置权吗？

▶ 案例实录

张某是一名渔夫，经常出海打鱼，他的妻子在繁华的市区开了一家海鲜产品店。一天，张某打鱼回来后，因为自家的制冷设备运转不正常，于是将装好的5箱鱼交给蒋某保管两天，保管费为400元。两天过后，蒋某通知张某取货并支付保管费，并称如果在一天之内不支付保管费，自己就将5箱鱼卖掉。但是一天后，张某仍旧没有支付保管费，也没有去蒋某处取鱼。蒋某怕鱼变质腐烂，就擅自出售了。又过了两天，海鲜市场突然大幅涨价，张某找到蒋某取鱼，得知自己的鱼已经被出售。于是，张某以蒋某没有给他宽限期为由要求蒋某赔偿损失。那么，张某的要求于法有据吗？

律师分析

张某的要求于法无据。《民法典》第四百五十三条规定，留置权人行使留置权要给债务人60日以上的履行债务的期限，但同时规定，对于易腐鲜活的蔬菜、水果等，留置权人无须给债务人宽限期。因此，本案中，蒋某将鱼出售的行为是合法的，蒋某无须赔偿张某的损失。

法条链接

《中华人民共和国民法典》

第四百五十三条　留置权人与债务人应当约定留置财产后的债务履行期限；没有约定或者约定不明确的，留置权人应当给债务人六十日以上履行债务的期限,但是鲜活易腐等不易保管的动产除外。债务人逾期未履行的,留置权人可以与债务人协议以留置财产折价,也可以就拍卖、变卖留置财产所得的价款优先受偿。

留置财产折价或者变卖的,应当参照市场价格。

温馨提示

法律是对现实生活经验的高度总结。针对行使留置权的问题,在现实生活中应该尤其注意那些鲜活易腐等不易保管的动产,这在法条中也以但书的形式加以规定。对于普通的留置权的实现方法,即折价、拍卖和变卖,都必须参照市场价格,不能随意降低留置物的价格。我们要严格按照法律行使权利,避免给自己带来不必要的麻烦。

自测小题

选择题:年前,老张与小李订立了承揽合同,请小李为自己做一套餐具。按照合同约定,小李负责采购原材料,老张应在合同订立后三个月内支付材料费、定做费等费用。但是,直到餐具完成,老张也没有支付材料费。对此,小李可以怎么做?( )[1]

A. 依法行使留置权

B. 小李留置餐具后,应当与老张约定一个具体的债务履行期限

C. 小李留置餐具后,老张仍久未履行付款义务时,餐具直接归小李所有

---

[1] 解答:AB。

留置权人在将留置财产变卖后,能将所得的价款全部留下吗?

案例实录

张某的摩托车因为用的时间太长,一些零部件出了问题。于是,张某就将摩托车开到某修理厂去修理。因为存在的问题很多,所以双方协商将摩托留在修理厂。一周后,摩托车修理完毕,修理厂给张某打电话,要求张某给付摩托车修理费2000元。张某说自己手头紧,暂时没有钱。于是修理厂将摩托车留置,同时告诉张某如果两个月后不来取车,就会依法将摩托车变卖取得价款。张某过了两个月后依然没有取回自己的摩托车,于是修理厂将摩托车卖掉并得到3500元的变卖费。那么,修理厂可以将这笔费用全部据为己有吗?

律师分析

留置权的目的在于留置债务人的财产,迫使债务人履行债务,保障债权的实现。修理厂依法实现其留置权,应当按照约定取得自己的修理费用,剩余的部分不能由修理厂享有。《民法典》第四百五十五条明确规定:"留置财产折价或者拍卖、变卖后,其价款超过债权数额的部分归债务人所有,不足部分由债务人清偿。"据此,修理厂依法请求变卖留置财产,扣除自己应得的修理费用后,剩余的部分应当归张某所有。

法条链接

《中华人民共和国民法典》

第四百五十五条 留置财产折价或者拍卖、变卖后,其价款超过债权数额的部分归债务人所有，不足部分由债务人清偿。

💡 温馨提示

法律规定留置权的目的是保障债权的实现，保护债权人的利益，但是这种保护是以主债权为限的。因此，债权人依法实现留置权所得的价款，扣除自己应得的部分后应返还给债务人，否则会构成不当得利。

⏱ 自测小题

选择题：张琳依法行使其对艾丽的留置权之后，除去自己应得的款项，还剩下1000多元。对于这1000多元，张琳的正确做法是（　）①。

A. 退还给艾丽

B. 自己使用

C. 与艾丽分摊

债权人行使留置权后，如果没有与债务人约定具体付款期限，应该怎么办？

▷ 案例实录

某布匹厂想加工一批窗帘，于是与某窗帘加工厂协商，约定由布匹厂提供原材料，由窗帘加工厂对布匹进行加工。到了双方约定的交货时间，布匹厂却以没有钱为借口，说要过一段时间给

---

① 解答：A。

付加工费。因为窗帘加工厂和布匹厂是第一次合作,双方还不了解彼此的信用程度,所以窗帘加工厂对布匹厂的成品进行了留置。但是留置后布匹厂并没有说什么时候给付加工费,面对这种情况,窗帘加工厂应该怎么办呢?

律师分析

根据《民法典》第四百五十三条的规定,留置权人与债务人应当约定留置财产后的债务履行期间;没有约定或者约定不明确的,留置权人应当给债务人60日以上的履行债务的期间,但鲜活易腐等不易保管的动产除外。债务人逾期未履行的,留置权人可以与债务人协议以留置财产折价,也可以就拍卖、变卖留置财产所得的价款优先受偿。留置财产折价或者变卖的,应当参照市场价格。本案中,窗帘加工厂在留置成品后,如果与布匹厂对加工费的给付时间没有约定或约定不明确的,窗帘加工厂应当给布匹厂至少两个月的履行期。两个月后,布匹厂仍不支付加工费的,窗帘加工厂可以拍卖、变卖留置的成品,并对价款优先受偿。

法条链接

《中华人民共和国民法典》

第四百五十三条 留置权人与债务人应当约定留置财产后的债务履行期限;没有约定或者约定不明确的,留置权人应当给债务人六十日以上履行债务的期限,但是鲜活易腐等不易保管的动产除外。债务人逾期未履行的,留置权人可以与债务人协议以留置财产折价,也可以就拍卖、变卖留置财产所得的价款优先受偿。

留置财产折价或者变卖的,应当参照市场价格。

温馨提示

目前，我国规定的留置权只能适用于担保合同债权，并只能适用于双务合同，且需当事人一方根据合同已合法占有对方当事人的财产。侵权行为之债、不当得利之债和无因管理之债不适用留置权的规定。对于债务履行期间没有约定或约定不明的，留置权人应当给债务人两个月以上履行债务的期间，期间届满债务人仍不履行债务的，留置权人才能够依法行使留置权。

自测小题

选择题：留置权人拒绝在债务履行期限届满后行使留置权，债务人可以怎么做？（　　）①

A. 直接取回留置物

B. 自行拍卖、变卖留置财产

C. 请求人民法院拍卖、变卖留置财产

债务人另外提供担保的，债权人还可以继续留置财产吗？

案例实录

某白酒瓶盖生产厂将自己生产的3000箱瓶盖交由某保管公司保管，双方约定一个月后提取货物。但是在提取货物时，双方当事人出现了纠纷。白酒瓶盖生产厂称自己现在资金周转不了，给不了保管费，愿意将自己的一辆车作为担保，而保管公司称不知

---

① 解答：C。

道这种做法是否具有法律效力，要求继续留置瓶盖。那么，某白酒瓶盖生产厂的这种做法可行吗？某保管公司在接受新的担保后，还能够继续留置3000箱瓶盖吗？

律师分析

《民法典》第四百五十七条规定："留置权人对留置财产丧失占有或者留置权人接受债务人另行提供担保的，留置权消灭。"因此，某白酒瓶盖生产厂可以与某保管公司协商，另行提供抵押、质押、保证等担保，以替代留置担保，使留置权归于消灭。但是，另行提供担保须双方当事人达成合意，即某白酒瓶盖生产厂向某保管公司提供担保物，需要该保管公司同意接受才可以。留置权是该保管公司享有的权利，该保管公司可以进行选择，如果其同意接受某白酒瓶盖生产厂提供的担保物，就相当于放弃留置权，应当将留置财产交付给某白酒瓶盖生产厂。

法条链接

《中华人民共和国民法典》

第四百五十七条　留置权人对留置财产丧失占有或者留置权人接受债务人另行提供担保的，留置权消灭。

温馨提示

法律设定债权人依法享有留置权，是为了保障其债权的实现，当债务人偿还债务或者债权人接受债务人另行提供的担保时，债权人的债权得以实现，留置权就没有存在的必要了。因此，法律规定当出现此种情况时，留置权消灭，债权人不得再占有该财产。

自测小题

选择题：宋某原系邓某的留置权人，后邓某另行向宋某提供了第三人邵某保证后，留置权消灭。不久前，宋某和邓某未经邵某书面同意，协商变更了主债权债务合同内容，加重了债务。那么，对于加重的债务，邵某还需要承担保证责任吗？（　　）①

A. 需要

B. 不需要

质权与留置权哪一个应该优先行使呢？

案例实录

刘某将自己的电动车质押给金某，在质押期间，因为电动车出现了一些问题，于是，金某就将电动车送到某修理厂进行修理。后因为金某没有按时交付修理费用，于是某修理厂对电动车进行了留置。刘某没有办法偿还借款，所以和金某协商将自己的电动车变卖用来还钱。但是，因为金某没有支付电动车修理费，所以修理厂拒绝交付电动车。那么，金某质权的行使和修理厂留置权的行使，哪个优先呢？修理厂可以对电动车行使留置权吗？

律师分析

修理厂有权留置电动车。本案涉及质权与留置权竞合的法律问题。所谓质权与留置权竞合，是指在同一个动产上，既存在质

---

① 解答：B。

权,又存在留置权的情况。对此,根据《民法典》第四百五十六条的规定,留置权人优先受偿。本案中,修理厂是留置权人,金某是质押权人,修理厂的留置权优先于金某的质权,金某无权优先于修理厂受偿。

法条链接

《中华人民共和国民法典》

第四百五十六条 同一动产上已经设立抵押权或者质权,该动产又被留置的,留置权人优先受偿。

温馨提示

在动产上既可以设立质权,也可以设立留置权。在同一动产上,无论留置权产生于质权之前,还是产生于质权之后,留置权的效力都优先于质权,即留置权对质权的优先效力不受留置权产生时间的影响。而且,留置权对质权的优先效力不受留置权人在留置动产时是否知情的影响。当然,如果留置权人与债务人恶意串通成立留置权,其目的就是排除在动产上设置的质权,这是法律所禁止的。

自测小题

选择题:去年,万万将汽车抵押给了中宇,并办理了抵押登记。上个月,汽车因发生故障送修,由于万万没钱支付维修费,汽车被汽修厂留置。同时,万万对中宇的债务履行期限届满,中宇主张实现抵押权。下列说法正确的是( )[1]。

---

[1] 解答:B。

A. 中宇的抵押权有限
B. 汽修厂的留置权优先
C. 中宇和汽修厂按比例获得清偿

运输方将货物运到目的地后，托运人拒付运费怎么办？

▷ 案例实录

王某是某家具生产厂的负责人，因和某批发商签订了家具供应合同，需要按时运货。在运输家具时，王某找来自己从事运输业务的朋友李某负责。但是，李某按约定将家具运到批发商那里时，双方在支付运费方面发生了纠纷。批发商声称供货合同约定的是由王某一方负责运输并且支付运费，因此坚决不付运费。出现此种情况，司机李某能否留置此批运送的家具呢？

◯ 律师分析

所谓留置权，是指债权人在债务人不履行债务的情况下，可以留置其占有的并且与债权的发生有牵连关系的动产，并可以就该动产优先受偿的权利。本案中，作为债务人的批发商拒不向李某支付运费，且这笔运费是基于李某为批发商运送家具所产生的，与债权的发生有牵连关系，所以李某可以留置这批家具中价值相当于自己应得的运费的部分。如果批发商如约支付运费，李某需把家具还给批发商。如果批发商坚持不付运费，在约定的宽限期过后，李某可以请求人民法院变卖这部分家具，所得价款优先偿付李某的运费。需要注意的是，批发商与王某之间签订的协议并不影响李某权益的实现，批发商可以先支付李某运费，然后凭借自己的付款凭证及合同内容向王某主张偿付自己已经支付的运费。

第七章 留置权

法条链接

《中华人民共和国民法典》

第四百四十七条第一款 债务人不履行到期债务,债权人可以留置已经合法占有的债务人的动产,并有权就该动产优先受偿。

第四百五十条 留置财产为可分物的,留置财产的价值应当相当于债务的金额。

温馨提示

在货运合同中经常会遇到此类的问题,由于货运合同一般都是基于另外一份供货合同产生的,所以,货运合同当事人的合法权益很可能会因为另外一份供货合同的履行瑕疵或者约定不明而遭受侵犯。法律对此作出了明确的规定,就是为了保护货运合同的主体一方的正当权利,使货运合同当事人能够尽可能地得到救济。在现实生活中,遇到此类问题不要慌张,要及时维权。

自测小题

选择题:徐某委托运输公司为自己承运一批货。运输公司按要求将货物送到指定地点后,徐某拒绝支付运费。运输公司便留置了该批货物。但是,该批货物的价值是运费的几十倍。运输公司的行为( )[①]。

A. 系行使留置权,合法

B. 系行使留置权,但将货物全部留置不合法

C. 系行使扣押权,不合法

[①] 解答:B。

没有交保管费，保管公司就可以扣留货物吗？

案例实录

王某是某服装公司的负责人，该公司接受了某设计师的一项设计，生产一批服装。但是，由于在生产过程中某个装饰部位出了些小差错，导致这批服装暂时不能出售。所以，作为负责人的王某就将这批服装暂时交给了某保管公司进行保管。五个月过去后，某服装公司与设计师洽谈成功，这批服装才被允许出售。现在王某想去保管公司取回服装，但是因为之前资金周转不开，王某一直没付保管费，保管公司就以王某公司没有交保管费为由扣留了王某公司的服装。那么，该保管公司的做法合法吗？

律师分析

留置权是指债权人按照合同约定占有债务人的动产，债务人不按照合同约定的期限履行债务时，债权人有权依照法律的规定留置该财产，以留置财产折价或者以拍卖、变卖该财产的价款优先受偿的权利。《民法典》第九百零三条规定："寄存人未按照约定支付保管费或者其他费用的，保管人对保管物享有留置权，但是当事人另有约定的除外。"本案中，王某所在的服装公司在某保管公司存放了服装，却以资金周转不开为由一直没付保管费，所以某保管公司可以依据法律留置其寄存的服装。

法条链接

《中华人民共和国民法典》

第三百八十九条　担保物权的担保范围包括主债权及其利息、

违约金、损害赔偿金、保管担保财产和实现担保物权的费用。当事人另有约定的,按照其约定。

第四百四十七条　债务人不履行到期债务,债权人可以留置已经合法占有的债务人的动产,并有权就该动产优先受偿。

前款规定的债权人为留置权人,占有的动产为留置财产。

第四百四十八条　债权人留置的动产,应当与债权属于同一法律关系,但是企业之间留置的除外。

第九百零三条　寄存人未按照约定支付保管费或者其他费用的,保管人对保管物享有留置权,但是当事人另有约定的除外。

温馨提示

法律设置留置权的规定是为了给当事人一个行之有效的救济方法,在请求第三方保护之前,可以及时有效地依据法律规定保护自己的合法权益。但是有些当事人因为不懂法,可能会在另外一方当事人将物品取走之后才想办法救济,此时救济难度就会增加。因此,当事人一定要学法、懂法,这样才能更好地利用法律武器及时保障自己的合法权益。

自测小题

选择题:保管物被留置期间产生的孳息归谁所有?(　　)[1]

A. 保管人和寄存人

B. 保管人

C. 寄存人

---

[1] 解答:C。

桌椅板凳已经做好了，但定做人不交加工费怎么办？

▷ 案例实录

某学校要新换一批桌椅板凳，于是由学校出钱向某木材厂买了一批木材，然后交给了某加工厂进行加工，双方约定学校只付清加工费即可。三个月后，加工厂加工好了双方约定的桌椅板凳，而学校却称无法支付加工费。此时，加工厂应该怎样维护自己的权益呢？

◎ 律师分析

加工厂可以行使留置权。所谓留置权是指债权人在债务人不能清偿到期债务的情况下，可以留置其基于同一债权债务关系而占有的动产，并于法定条件成就时，可以就留置物行使优先受偿的权利。占有债务人动产的人被称为留置权人，所占有的动产被称为留置物。行使留置权必须基于同一债权债务关系，而不能留置下一个债权债务关系的标的物去清偿上一个债务。留置权人在留置了该动产以后，必须给债务人留出一段履行债务的期间，如果过了该期间债务人仍不履行债务，留置权人可以就该留置物优先受偿，但是容易腐化变质的留置物除外。本案中，某学校拒付桌椅板凳加工费，加工厂可以留置其桌椅板凳并规定一定的债务履行期间，如果学校过了该期间仍不履行债务，则加工厂可以就该批桌椅板凳的价款优先受偿。

⚙ 法条链接

《中华人民共和国民法典》

第四百四十七条 债务人不履行到期债务，债权人可以留置已经合法占有的债务人的动产,并有权就该动产优先受偿。

前款规定的债权人为留置权人,占有的动产为留置财产。

第四百四十八条　债权人留置的动产,应当与债权属于同一法律关系,但是企业之间留置的除外。

💡 温馨提示

在现实生活中,如果定做人不按约定支付相关费用,则加工人可以依法行使留置权。但应注意的是,加工人应妥善保管留置物,不得随意使用。权利的行使必须在法律规定的范围内。

⏱ 自测小题

判断题:承揽合同中,定做人不支付报酬致使承揽人留置货物时,承揽人有权自由处分留置物。(　)①

债务人可以要求债权人行使留置权吗?在债权人不行使权利的情况下应该怎么办呢?

▷ 案例实录

某汽车生产厂在生产出汽车的大致框架和零部件后,将其交由某汽车加工厂进行最后的组装加工。双方约定汽车生产厂先预付10%的预付款,在汽车加工厂加工完毕后,再支付剩余的款项。在汽车生产厂支付了10%的款项三个月后,汽车加工厂将所有的汽车加工完毕。当汽车加工厂打算向汽车生产厂交付汽车时,汽

---

① 解答:错误。

车生产厂却以资金不充足为由拒不支付汽车加工的剩余款项。于是，汽车加工厂对汽车进行了留置，并且要求汽车生产厂在两个月内付清剩余的款项。但是约定期满后，汽车生产厂仍旧没有支付剩余款项。后汽车生产厂想将这批汽车进行处置，处置所获价款在给付汽车加工厂剩余加工费用后，其他款项汇入本公司账户。那么，该汽车生产厂可以这样做吗？如果汽车加工厂不行使留置权，汽车生产厂应该怎么办呢？

律师分析

《民法典》第四百五十四条、第四百五十五条规定，债务人可以请求留置权人在债务履行期届满后行使留置权；留置权人不行使的，债务人可以请求人民法院拍卖、变卖留置财产；留置财产折价或者拍卖、变卖后，其价款超过债权数额的部分归债务人所有，不足部分由债务人清偿。由此可知，汽车生产厂可以请求汽车加工厂行使留置权。如果汽车加工厂不行使，汽车生产厂可以请求人民法院拍卖、变卖留置的财产。留置物折价或拍卖、变卖后，其价款超过加工费用的部分归汽车生产厂所有，不足部分由汽车生产厂继续清偿。

法条链接

《中华人民共和国民法典》

第四百五十四条 债务人可以请求留置权人在债务履行期限届满后行使留置权；留置权人不行使的，债务人可以请求人民法院拍卖、变卖留置财产。

第四百五十五条 留置财产折价或者拍卖、变卖后，其价款超过债权数额的部分归债务人所有，不足部分由债务人清偿。

温馨提示

留置权是《民法典》中明确规定的一种法定担保物权，它在社会生活中经常为人们所运用。留置权的行使本质上是债权人对其合法权益的自力救济，在注重效率的市场经济社会中，尤其是在合法权益不能及时得到公力救助的情况下，留置权的设定是值得肯定和提倡的。但在运用该权利的同时，我们也应该注意法律对它的限制。

自测小题

填空题：留置财产折价或者变卖的，应当参照（　　）[①]。

A. 市场价格

B. 留置物所有权人的预期价格

[①] 解答：A。

图书在版编目（CIP）数据

民法典借贷担保法律常识小全书：案例自测实用版 / 全民普法图书中心著 . —北京：中国法制出版社，2021.6

（生活中的法律常识系列）

ISBN 978-7-5216-1579-1

Ⅰ.①民… Ⅱ.①全… Ⅲ.①担保法-案例-中国②借贷-法律-案例-中国 Ⅳ.①D923.05

中国版本图书馆 CIP 数据核字（2021）第 019455 号

责任编辑：胡艺　王悦　　　　　　　　　　　　封面设计：李宁

民法典借贷担保法律常识小全书：案例自测实用版
MINFADIAN JIEDAI DANBAO FALÜ CHANGSHI XIAOQUANSHU：ANLI ZICE SHIYONGBAN

著者／全民普法图书中心
经销／新华书店
印刷／三河市国英印务有限公司
开本／880 毫米×1230 毫米　32 开　　　　　　印张／7　字数／114 千
版次／2021 年 6 月第 1 版　　　　　　　　　　2021 年 6 月第 1 次印刷

中国法制出版社出版
书号 ISBN 978-7-5216-1579-1　　　　　　　　定价：29.80 元

北京西单横二条2号
邮政编码 100031　　　　　　　　　　传真：010-66031119
网址：http://www.zgfzs.com　　　　编辑部电话：010-66034985
市场营销部电话：010-66033393　　　邮购部电话：010-66033288

（如有印装质量问题，请与本社印务部联系调换。电话：010-66032926）